STUDIEN
ZUR GERMANISTIK, ANGLISTIK UND KOMPARATISTIK
HERAUSGEGEBEN VON ARMIN ARNOLD UND ALOIS M HAAS
BAND 14

GEORG BÜCHNER

UNTERSUCHUNGEN UND MARGINALIEN

VON HEINZ FISCHER

1972

BOUVIER VERLAG HERBERT GRUNDMANN · BONN

Meiner Mutter

ISBN 3 416 00842 1

Alle Rechte vorbehalten. (c) Heinz Fischer, München 1972. Verlag : Bouvier Verlag Herbert Grundmann, Bonn.
Herstellung : Druckerei H. Simons, Inh. Franz Jakel, Sinzig.

INHALT

Vorwort

Die vorliegende Sammlung vereinigt Studien verschiedener Art, die insbesondere neuen Perspektiven in der Würdigung der Werke und Briefe Georg Büchners nachzugehen versuchen. Gelegentliche knappe Überschneidungen statt unbequemer Querverweise möge der Leser entschuldigen.

Dem *Canada Council* bin ich für Forschungsstipendien, die diese Studien gefördert und die Suche nach den Memoiren Alexis Mustons weithin ermöglicht haben, aufrichtig dankbar. Einzelnen Persönlichkeiten, die mir in diesem Zusammenhang ihre Unterstützung in freundlicher Weise zuteil werden ließen, habe ich noch an besonderer Stelle zu danken.

Herr Kollege Werner R. Lehmann hatte die Freundlichkeit, in das Manuskript Einblick zu nehmen; ihm danke ich für manchen Rat.

Der Aufsatz ‚Heine und Büchner‘ wurde im *Heine-Jahrbuch* 1971 veröffentlicht. Ich danke dem Herausgeber Dr. Eberhard Galley für die Erlaubnis zum Abdruck.

„Georg Büchner und Alexis Muston" und einige andere Beiträge führen einen vorläufigen Bericht in der *Deutschen Vierteljahrsschrift für Literaturwissenschaft und Geistesgeschichte*, XLIV (1970), weiter. Mustons Zeichnungen von Büchner, die in dem Vorläufigen Bericht beschrieben sind, werden hier vorgelegt. Die Skizzen Mustons ergänzen den Stich Auerbachs, die bisher einzige bekannte Darstellung Georg Büchners.

H. F.

Heinrich Heine und Georg Büchner
Zu Büchners Heine-Rezeption

Durch Verweis auf Büchners Brief an seine Familie vom 1. Januar 1836 und einen Brief an Gutzkow vom Frühjahr (?) 1836 wird das „spitze" Verhältnis Büchners zum *Jungen Deutschland* — Heine wird dabei genannt — einseitig festgelegt.

Büchner schreibt in seinem Neujahrsbrief:

> Übrigens gehöre ich *für meine Person* keineswegs zu dem sogenannten *Jungen Deutschland,* der literarischen Partei Gutzkows und Heines. Nur ein völliges Mißkennen unserer gesellschaftlichen Verhältnisse konnte die Leute glauben machen, daß durch die Tagesliteratur eine völlige Umgestaltung unserer religiösen und gesellschaftlichen Ideen möglich sei. Auch theile ich *keineswegs ihre Meinung über die Ehe und das Christenthum,* aber ich ärgere mich doch, wenn Leute, die in der Praxis tausendfältig mehr gesündigt haben als diese in der Theorie, gleich moralische Gesichter ziehn und den Stein auf ein jugendliches, tüchtiges Talent (Gutzkow, H. F.) werfen[1].

An Gutzkow schreibt Büchner:

> Übrigens, um aufrichtig zu sein, Sie und Ihre Freunde scheinen mir nicht gerade den klügsten *Weg* gegangen zu sein. Die Gesellschaft mittelst der *Idee,* von der *gebildeten* Klasse aus reformieren? Unmöglich! Unsere Zeit ist rein *materiell:* wären Sie je directer politisch zu Werke gegangen, so wären Sie bald auf den Punkt gekommen, wo die Reform von selbst aufgehört hätte. Sie werden nie über den Riß zwischen der gebildeten und ungebildeten Gesellschaft hinauskommen[2].

Eine Würdigung der Stellung Büchners zum *Jungen Deutschland* wie zu Heine lediglich aufgrund dieser Briefstellen übersieht, daß Büchners Werk

---

[1] Georg Büchner, *Sämtliche Werke und handschriftlicher Nachlaß.* Hrsg. Karl Emil Franzos. Frankfurt am Main 1879, S. 362 f. — Im folgenden als „Franzos" zitiert.
[2] Franzos, S. 386.

ein Integrationspunkt thematischer und formaler Tendenzen des *Jungen Deutschland* ist, wobei es, wie das Werk Heines, darüber hinausführt: Das Ringen um politische Freiheit; religiöse Tendenzen; die Stellung des Menschen zur Gemeinschaft; die Neudefinition der Beziehung von Mann und Frau; die polemische Haltung des Schriftstellers; die rhetorische Form, — alle diese Charakteristiken des *Jungen Deutschland* finden sich im Werk Büchners tief eingezeichnet. Diese Charakteristiken bestimmen *nolens volens* auch Heines Dichtungen mit, wenn auch Heine, ähnlich wie Büchner, Abstand zum *Jungen Deutschland* betont. In einem Brief an Laube schreibt Heine: „Mit dem übrigen Jungen Deutschland stehe ich nicht in der mindesten Verbindung: wie ich höre, haben sie meinen Namen unter die Mitarbeiter ihrer neuen Revue gesetzt, wozu ich ihnen nie Erlaubniß gegeben habe. — Einen guten Rückhalt sollen die jungen Leute dennoch an mir haben"[3].

Daß Büchner Gutzkows frühe Schriften gelesen hatte, darf als sicher gelten. Mit dem Saint-Simonismus, der das *Junge Deutschland* stark beeinflußt hat, war Büchner in Straßburg bekannt geworden. Neben dem Hinweis auf den Saint-Simonismus in Büchners Brief an seine Eltern vom 27. Mai 1835 darf eine Bemerkung aus den bisher unbekannten Memoiren Alexis Mustons gestellt werden: Muston berichtet von seinen Gesprächen mit Büchner auf einer Odenwaldwanderung:

> Repartis de bonne heure: causé St. Simonisme, rénovation sociale et religieuse, république universelle, états-unis de l'Europe, et autres utopies, dont quelques-unes peut-être deviendront des réalités[4].

In diesem Zusammenhang soll hier der Nachweis erbracht werden, daß Büchner mit Werken Heines vertraut war, und die Frage nach den Verbindungen zwischen Heine und Büchner gestellt werden.

Schon Fritz Bergemann stellt Büchners Übernahme des Begriffs „Bedlam" aus Heines Schriften fest. Bergemann notiert im Register seiner Büchner-Ausgabe „Bü(chner) durch Heine bekannt"[5]. Bei Heine und Büchner wird

---

[3] *Heinrich Heines Briefwechsel.* Hrsg. Friedrich Hirth, Bd. II, München und Berlin 1917, S. 88.

[4] Verf., „Ein Büchner-Fund. Vorläufiger Bericht". *Deutsche Vierteljahrsschrift*, XLIV (1970), 579.

[5] Register-Eintrag „Bedlam" in Georg Büchner, *Werke und Briefe*. Hrsg. Fritz Bergemann. Wiesbaden 1958, S. 632. Heine schreibt „Neu-Bedlam" in *Italien. Die Bäder von Lucca* I, und „Bedlam" in *Englische Fragmente* VI. — Büchner schreibt im März 1834 an

der Name des Londoner Irrenhauses Bedlam zum Hinweis auf Tollheit verwendet. Auf Affinitäten zu Heine bei Büchner verweist Walter Höllerer in den Kapiteln „Heine" und „Büchner" seiner Studie *Zwischen Klassik und Moderne. Lachen und Weinen in der Dichtung einer Übergangszeit.* Er hebt auch die unten angeführte Briefstelle Büchners heraus: „Büchner hört ‚das ewige Orgellied herumtrillern' und sieht ‚die Wälzchen und Stiftchen im Orgelkasten hüpfen und drehen' "[6]. Höllerer rückt das Zitat des Büchnerbriefs mit thematischer Berechtigung in die Nähe eines Passus in Heines Novellenfragment *Aus den Memoiren des Herrn von Schnabelewopski:*

> Es war Sonntag, fünf Uhr, die allgemeine Fütterungsstunde, und die Wagen rollten, Herren und Damen stiegen aus mit gefrorenen Lächeln auf den hungrigen Lippen — Entsetzlich! in diesem Augenblick durchschauerte mich die schreckliche Bemerkung, daß ein unergründlicher Blödsinn auf allen diesen Gesichtern lag, und daß alle Menschen, die eben vorbeigingen, in einem wunderbaren Wahnwitz befangen schienen . . .[7]

Eine engere Verbindung der Briefstelle Büchners mit dem Werk Heines, wobei wörtliche Übereinstimmungen auftreten, liegt jedoch nahe (s. u.).

Der Nachhall des Werkes Heines im Schaffen Büchners soll zunächst durch eine Darstellung verschiedener Vergleichsstellen, namentlich aus Heines *Reisebildern* und Büchners *Dantons Tod, Leonce und Lena* und *Woyzeck* verdeutlicht werden.

Es war mir, als hörte ich, wie Gott
rief: „Es werde Licht!" blendend
schoß herab ein Strahl des ewigen
Lichts; aber in demselben Augenblick wurde es wieder Nacht, und

---

seine Braut: „Wie gefällt dir mein Bedlam? Will ich etwas Ernstes thun, so komme ich mir vor, wie Larifari in der Komödie: will er das Schwerdt ziehen, so ist's ein Hasenschwanz . . ." Franzos, S. 376. (Heines Reisebilder *Die Bäder von Lucca* sind zuerst 1830, *Englische Fragmente* erstmals vollständig 1831 erschienen.)

[6] Walter Höllerer, *Zwischen Klassik und Moderne, Lachen und Weinen in der Dichtung einer Übergangszeit.* Stuttgart 1958, S. 67.

[7] Heinrich Heine, *Sämtliche Werke,* Hrsg. E. Elster. Leipzig und Wien o. J., Bd. III, S. 34. Im folgenden als „Elster" zitiert. Alle Kursivstellen hier und in den weiteren Textvergleichen sind von mir gesetzt (außer der Regieanweisung in *Woyzeck* „*predigt auf dem Tisch*").

alles rann chaotisch zusammen in ein wildes, wüstes Meer. Ein wildes, wüstes Meer! über das gärende Wasser jagten *ängstlich die Gespenster* der Verstorbenen, ihre weißen Totenhemden flatterten im Winde, hinter ihnen her, hetzend, mit klatschender Peitsche lief ein buntscheckiger Harlekin, und dieser war ich selbst — und plötzlich aus den dunkeln Wellen reckten die Meer-Ungetüme ihre mißgestalteten Häupter, und langten nach mir mit ausgebreiteten Krallen, und *vor Entsetzen erwacht' ich.*
Die Harzreise[8]

Die Erde hat sich *ängstlich* zusammengeschmiegt, wie ein Kind und über ihre Wiege schreiten *die Gespenster.*
Leonce und Lena, II, 2.[9]

Da schrie ich in der Angst, *und ich erwachte.*
Dantons Tod, II, Ein Zimmer.[10]

Die vergleichende Lektüre erhellt die Affinität von Bildern, die von einer Passage im Werk Heines ausstrahlend an verschiedene Stellen im Schaffen Büchners gespiegelt werden:

Die Flaschen wurden leerer und die Köpfe voller. Der eine brüllte, der andere fistulierte, ein dritter deklamierte aus der „Schuld", ein vierter sprach Latein, ein fünfter predigte von der Mäßigkeit, und ein sechster *stellte sich auf den Stuhl* und dozierte: „Meine Herren! Die Erde ist eine runde *Walze*, die Menschen sind einzelne *Stiftchen* darauf, scheinbar arglos zerstreut; aber die Walze dreht sich, die Stiftchen stoßen hier und da an und tönen, die

I. HANDWERKSBURSCH *predigt auf dem Tisch.* Jedoch wenn ein Wandrer, der gelehnt steht an dem Strom der Zeit oder aber sich die göttliche Weisheit beantwortet und sich anredet: Warum ist der Mensch? Warum ist der Mensch?
Woyzeck
(„Vorläufige Reinschrift")[12]

Alle Menschen machten mir das hippokratische Gesicht, die Augen verglast, die Wangen wie von

[8] A. a. O., S. 66.
[9] Georg Büchner, *Sämtliche Werke und Briefe.* Hrsg. Werner R. Lehmann. Hamburg o. J., Bd I, S. 122. Im folgenden als *„Büchners Werke, Hamburger Ausgabe"* zitiert.
[10] *Büchners Werke, Hamburger Ausgabe*, S. 41.
[12] *Büchners Werke, Hamburger Ausgabe*, S. 178.

einen oft, die anderen selten, das gibt eine wunderbare, komplizierte *Musik,* und diese heißt Weltgeschichte.
Die Harzreise[11]

Wachs, und wenn dann die ganze Maschinerie zu leiern anfing, die Gelenke zuckten, die Stimme herausknarrte und ich das ewige Orgellied herumtrillern hörte und die ,*Wälzchen*' und ,*Stiftchen*' im Orgelkasten hüpfen und drehen sah, — ich verfluchte das Concert, den Kasten, die ,*Melodie*', und — ach, wir armen schreienden Musikanten! das Stöhnen auf unsrer Folter, wäre es nur da, damit es durch die Wolkenritzen dringend und weiter, weiter klingend wie ein melodischer Hauch in himmlischen Ohren stirbt?
Brief an die Braut, Gießen, um den 10. 3. 1834.[13]

Das Bild der Drehorgel für den Gang der Welt oder den Lebenslauf des Menschen, die Entsprechung von *Walze / Wälzchen / Stiftchen / Stiftchen* und *Musik / Melodie* legen unmittelbaren Einfluß Heines nahe. Eine weitere Entsprechung erscheint in der folgenden Passage:

Der andere Jüngling hatte ebenfalls seine Arme sehnsuchtsvoll nach dem Kleiderschrank ausgestreckt, Thränen stürzten aus seinen Augen, und zu einer *gelbledernen Hose,* die er für den *Mond hielt,* sprach er mit wehmütiger Stimme ...
Die Harzreise[14]

Streckt eure Tannenzweige grad vor euch hin, daß man meint, ihr wärt ein Tannenwald, und eure Nasen die Erdbeeren, und eure Dreimaster die Hörner vom Wildbret, und eure *hirschledernen Hosen* der *Mondschein* darin ...
Leonce und Lena, III, 2.[15]

Die Rede des Ersten Handwerksburschen in *Woyzeck* trägt einen Nachhall aus der *Harzreise* (s .o.) und *Italien. Die Stadt Lucca.*

„Als ich noch klein war, in Dublin, und auf einem Eckchen auf dem Schemel sitzen konnte, worauf

1. HANDWERKSBURSCH *predigt auf dem Tisch.* Jedoch, wenn ein Wandrer, der gelehnt steht an

---

[11] Elster, Bd III, S. 62.
[13] Franzos, S. 374.
[14] Elster, Bd III, S. 64.
[15] *Büchners Werke, Hamburger Ausgabe,* S. 127.

Mutters Füße ruhten, da hatte ich immer allerlei zu fragen, was die Schneider, die Schuster, die Bäcker, kurz was die Leute in der Welt zu thun haben? Und die Mutter erklärte dann: die Schneider machen Kleider, die Schuster machen Schuhe, die Bäcker backen Brot — Und als ich nun frug: ‚Was thun denn die Könige?' da gab die Mutter zur Antwort: ‚Die regieren'. ‚Weißt du wohl, liebe Mutter', sagte ich da, ‚wenn ich König wäre, so würde ich mal einen ganzen Tag gar nicht regieren, bloß um zu sehen, wie es dann in der Welt aussieht'. ‚Liebes Kind', antwortete die Mutter, ‚das thun auch manche Könige, und es sieht auch danach aus'."
Italien. Die Stadt Lucca.[16]

dem Strom der Zeit oder aber sich die göttliche Weisheit beantwortet und sich anredet: Warum ist der Mensch? Warum ist der Mensch? — Aber wahrlich ich sage euch, von was hätte der Landmann, der Weißbinder, der Schuster, der Arzt leben sollen, wenn Gott den Menschen nicht geschaffen hätte? Von was hätte der Schneider leben sollen, wenn er dem Menschen nicht die Empfindung der Scham eingepflanzt, von was der Soldat, wenn Er ihn nicht mit dem Bedürfniß sich todtzuschlagen ausgerüstet hätte?
Woyzeck
(„Vorläufige Reinschrift")[17]

Aus der beträchtlichen Zahl weiterer möglicher Anregungen, die Büchner von Heine empfangen hat, sei auf *William Ratcliff* hingewiesen. Eine Nachwirkung der Tragödie *William Ratcliff* im *Woyzeck*-Drama ist nicht auszuschließen. Parallelen ergeben sich durch die Handlung — Verlust der Geliebten und der Mord an Marie; die weiblichen Hauptgestalten tragen in beiden Dramen den gleichen Namen —, weiterhin durch das Getriebensein Ratcliffs und Woyzecks (Heine äußerte zu Wedekind: „Ratcliff sei ein Wahnsinniger, einer fixen Idee verfallen, der er folgt, weil er muß; er sei unfrei, das Schicksal handle"[18]) — und ferner durch sprachliche Einzelheiten. Eine mögliche Parallele sei herausgegriffen:

Ratcliff *liegt regungslos am Fuße des Monuments. Der Wind heult wilder. Die* zwei Nebelgestalten *erscheinen, nahen sich mit ausge-*

[16] Elster, Bd III, S. 407.
[17] *Büchners Werke, Hamburger Ausgabe,* S. 178.
[18] Klaus Briegleb, „Kommentar" in: *Heinrich Heine, Sämtliche Schriften,* Bd I, München 1968, S. 798.

streckten Armen, fahren wieder
auseinander, und verschwinden.
RATCLIFF *(Er steht langsam und*
betäubt auf).

Wars eine Menschenstimme? Wars
 der Wind?
Ein wahnsinnschwangres Wort
 summt mir im Ohr.
War es ein toller Traum? Wo bin
 ich denn?
Was ist das für ein Kreuz, und was
 steht drauf?
(Er liest die Inschrift des Monu-
ments)
„Graf Duncan und Lord Mac-
 donald sind hier
Von Gottverfluchter Hand ermor-
 det worden."

. . .

(Halb wild, halb ängstlich, und in
einen geheimnisvollen Ton über-
gehend)
Verdammter Doppelgänger,
 Nebelmensch,
Anglotze mich nicht mit den stieren
 Augen —
Mit deinen Augen saugst du aus
 mein Blut,
Erstarren machst du mich, Eiswas-
 ser gießt du
In meine glühnden Adern, machst
 mich selbst
Zum toten Nachtgespenst — du
 zeigst dorthin?
Mit langem Nebelarm zeigst du
 dorthin?
Soll ich? Marie? Die weiße Taube?
 Blut?

Freies Feld
WOYZECK. Immer zu! Immer

15

Soll ich? Hallo, wer spricht? Das war kein Wind.

Maria soll ich mit mir nehmen? Nickst du?

Es sei, es sei, mein Wille ist von Eisen,

Und ist allmächtger noch als Gott und Teufel.

(Er stürzt fort)[19]

zu! Still Musik! *Reckt sich gegen den Boden.* Ha was, was sagt ihr? Lauter, lauter, — stich, stich die Zickwolfin todt? stich, stich die Zickwolfin todt. Soll ich? Muß ich? Hör ich's da auch, sagt's der Wind auch? Hör ich's immer, immer zu, stich todt, todt.[20]

Erwähnung verdient auch Heines Bild des Weltrisses, das der „zerrissene" Heine auf sich selbst bezieht, und das im Werk Büchners fast leitmotivhaft erscheint: Zum „Lied" der „Zerrissenheit" schreibt Heine in den *Bädern von Lucca:*

> Ach, teurer Leser, wenn Du über jene Zerrissenheit klagen willst, so beklage lieber, daß die Welt selbst mitten entzweigerissen ist. Denn da das Herz des Dichters der Mittelpunkt der Welt ist, so mußte es wohl in jetziger Zeit jämmerlich zerrissen werden. Wer von seinem Herzen rühmt, es sei ganz geblieben, der gesteht nur, daß er ein prosaisches, weitabgelegenes Winkelherz hat. Durch das meinige ging aber der große Weltriß, und eben deswegen weiß ich, daß die großen Götter mich vor vielen anderen hoch begnadigt und des Dichtermärtyrtums würdig geachtet haben.[21]

In der Erinnerung des Lesers steigt das Bild des Weltrisses auf, das Büchners Payne in *Dantons Tod* ausspricht: „Das leiseste Zucken des Schmerzes und rege es sich nur in einem Atom, macht einen Riß in der Schöpfung von oben bis unten"[22]. Auch Büchners Lenz empfindet: „Die Welt, die er hatte nutzen wollen, hatte einen ungeheuren Riß"[23]. Der Bezug zum Dichter selbst, den Heine nennt, liegt auch bei Büchner nahe. Klarsicht wie Mitleid dürfen Heine zugesprochen werden. Heines Beobachtung „Das Mitleid ist die letzte Weihe der Liebe, vielleicht die Liebe selbst"[24], fügt sich in diese Überlegungen ein. Wenn Fritz Mende als „treffendste Selbstcharakteristik Heines" bezeichnet, was Heine von Lessing sagt, den er „den Mann mit

---

[19] *Heinrich Heine,* Hrsg. K. Briegleb. 1968, Bd I, S. 366.
[20] *Büchners Werke, Hamburger Ausgabe,* S. 178.
[21] Elster, Bd III, S. 304.
[22] *Büchners Werke, Hamburger Ausgabe,* S. 48.
[23] *Büchners Werke, Hamburger Ausgabe,* S. 98.
[24] Elster, Bd III, S. 395.

dem klarsten Kopf und mit dem schönsten Herzen" nennt, dann bezeichnen die Wesensmerkmale klarer Einsicht und starken Mitgefühls auch am treffendsten die Persönlichkeit Büchners[25].

Verschiedene Parallelen drängen zu dem Schluß, daß Büchner als *poeta doctus* zumindest Heines Reisebilder gekannt hat und mit ihren thematischen und formalen Tendenzen vertraut war; die Parallelen zu *William Ratcliff* fallen ins Auge[26]. Im Werk Heines leuchten nicht nur „die glühenden Sterne der Begeisterung", sondern auch „die Raketen des Spottes"[27]. Die für Heine bezeichnenden Züge des Witzes und, formal gesehen, der Rhetorik haben auch im Werk Büchners konstituierenden Charakter. Auf beide Elemente hat die Forschung hingewiesen[28]. Beide — namentlich Büchners Rhetorik, die ihn insbesondere an die Seite Heines rückt — bedürfen allerdings noch eindringlicher Untersuchung.

---

[25] Fritz Mende, „Heinrich Heines literarisches Persönlichkeitsideal", in: *Heine-Jahrbuch*, Düsseldorf 1965, S. 11.

[26] Auf *William Ratcliff* weist auch knapp Hans Mayer im Blick auf das Werk G. Büchners hin, allerdings in anderem Zusammenhang als dem oben dargestellten; Mayer findet in Heines Tragödie den Ausdruck eines sozialen Impulses, wodurch „Heine gleichsam als ein Vorläufer mancher Ausführung Georg Büchners" wirke. (Hans Mayer, *Von Lessing bis Thomas Mann. Wandlungen der bürgerlichen Literatur in Deutschland*. Pfullingen 1959, S. 278 f.) Alexander Schweickert hat Mayers Hinweis in seiner Studie *Heinrich Heines Einflüsse auf die deutsche Lyrik 1830—1900*. Bonn 1969, im Zusammenhang mit dem Realismus-Problem aufgegriffen, S. 62 f. (Heines *William Ratcliff* erschien erstmals 1823; Büchner schrieb *Woyzeck* 1836/37.)

[27] Elster, Bd III, S. 430.

[28] Vgl. Egon Schwarz, „Tod und Witz im Werke Georg Büchners", *Monatshefte für deutschen Unterricht*. Bd 45, 1954, 124—136. — Helmut Krapp, *Der Dialog bei Georg Büchner*, Darmstadt 1958.

Georg Büchners *Lenz*
Zur Struktur der Novelle

Georg Büchners Novelle *Lenz* wurden mehrere eindringliche Untersuchungen gewidmet. In der Forschung wurde auf eine strukturale Antithetik verwiesen, die von den Polen des „Chaos" des „Geistes" Lenzens einerseits und, knapp formuliert, einer bewohnbaren „Gegenwelt" andererseits bestimmt wird.

Das Motivgeflecht des Leides an der Welt — der Angst, Sinnerblindung, Weg- und Ziellosigkeit und der Erfahrung eines „Weltrisses" — reicht aus *Dantons Tod* herüber. Anonyme, numinose Gewalten, die den Menschen entmächtigten und zu bestimmen scheinen, und die Lenz in „namenlose Angst" und „unnennbare Angst" stürzen, verdichten sich — ähnlich wie in *Woyzeck* — zu tangiblen Elementen, in denen das „es", „was" und „etwas" sich in „Rossen" verkörpert:

> Es war als ginge ihm was nach, und als müsse ihn was Entsetzliches erreichen, etwas das Menschen nicht ertragen können, als jage der Wahnsinn auf Rossen hinter ihm.[1]

In einer solchen Welt heißt es von Lenz: „Er suchte keinen Weg", und „es lag ihm nichts am Weg". Es gibt für Lenz kein Ziel mehr, nur noch einen Weg hinaus aus dieser Welt, wie für Danton; die Flucht Lenzens aus der Welt ist die in den Wahnsinn. Resigniert sitzt Lenz im Ausgang der Novelle im Wagen, der ihn von dem *locus amoenus* der Vogesen in die „Ebene" führt; er ist verlassen wie das Kind im Märchen der Großmutter in *Woyzeck*.

Der strukturale Kontrapunkt einer „Gegenwelt" zu dieser ‚chaotischen' Welterfahrung wurde in der Forschung vermerkt, allerdings eher am Rande oder in einer Weise, die der Klärung oder Berichtigung bedarf. Daß das von Leid signierte Bild der Schöpfung nicht das ganze Bild der Novelle ist und ihrem strukturalen Aufbau nicht gerecht wird, wurde verschiedent-

---

[1] Den *Lenz*-Zitaten liegt zugrunde: *Büchners Werke, Hamburger Ausgabe*, Bd. I. Angesichts der Kürze der Novelle wird davon Abstand genommen, *Lenz*-Zitate mit Seitenangaben zu belegen.

lich angedeutet. J. P. Stern sucht ein gleichgewichtigeres Strukturbild, wobei er allerdings einen Kontrapunkt in den Leser verlegt:

> Büchner does not say, or suggest, that Lenz is sane. What he does suggest, or rather show, is the dark side of the world. And though this dark side is revealed to us through the disease (whereas it would remain all but hidden to the normal and sane mind), yet it is a part of our world . . .
> What, then, of the total picture? What pleasure is there in reading the story of a deranged mind? *Lenz* is a work of art by virtue of making the dark realities of experience into an imaginative whole . . . knowledge achieved and uncontentious is also a delight.[2]

Ähnlich obskur bleibt die Ahnung einer „Gegenwelt" in einer anderen Studie:

> Hinter diesem e i n e n Menschenschicksal dämmert für uns unabweisbar die Ahnung auf, daß F r i e d e und G l ü c k ganz einfach Gebote des Lebens sind. Und das ist eine große, eine reine und runde Wahrheit, die in sich selber gründet.[3]

Deutlicher ist ein kontrapunktischer Pol der „Gegenwelt" der Novelle schon in der früheren Arbeit von P. Landau ausgeprägt:

> Und als ein schönheitsvoller, weicher, milder Kontrast rauscht dann die Melodik der Naturbilder herein, der heimliche Gesang der Wälder und Wolken, auch noch in Sturm und Tosen wohltönend und majestätisch, wie ein Wiegenlied das fiebernde Menschenherz umklingend.[4]

Landau hebt besonders die „Behandlung der Landschaft"[5] heraus:

> Die wundervolle Vermählung eines seelischen Lebens mit der Schönheit einer gleichgestimmten und doch so verschieden sich offenbarenden Natur ist aber wohl nirgends sonst so gelungen wie in Büchners „Lenz".[6]

---

[2] J. P. Stern, *Re-interpretations. Seven Studies in Nineteenth-Century German Literature*. London 1964, S. 141 f.

[3] Horst Oppel, *Die tragische Dichtung Georg Büchners*. Stuttgart 1951, S. 36.

[4] Paul Landau, „Lenz", in *Wege der Forschung*, LIII. Hrsg. Wolfgang Martens. Darmstadt 1965, S. 37.

[5] A.a.O., S. 42.

[6] A.a.O., S. 49.

Den Begriff der „Gegenwelt" hat H. Pongs in die Lenz-Diskussion eingeführt: „Als Schutz aber gegen das Unheimlich-Dämonische errichtet Büchner
in Lenzens Seele die Sehnsucht nach einer Gegenwelt, in der die Liebe, das
Maß und das Heilige bestimmen."[7] Diese Gegenwelt sieht Pongs namentlich durch Oberlin in seinem Lebenskreis repräsentiert:

> Der Unheimlichkeit des Universums tritt eine anheimelnde Gegen-
> macht entgegen. Zum erstenmal zeichnet sich im Umriß ab, was
> als kontrapunktisches Thema durch die ganze Dichtung geht: das
> Idyll eines friedevollen, biederfrommen Pfarrhauses.[8]

Schärfer formuliert Pongs weiterhin: „wo Oberlin, *wo der Schutz des
Heiligen um ihn aufhört, fangen die Dämonen an*".[9]

Es ist die Intention des vorliegenden Versuchs, das Strukturbild der
Novelle *Lenz* nicht nur zu erweitern, wie es G. Baumann unternommen
hat, sondern auch in manchem umgreifender darzustellen, als es in der
Forschung bisher dargeboten wurde.[10] In dieser Bemühung werden die
Strukturelemente der „Gegenwelt" im einzelnen untersucht; die in diesem
Problemzusammenhang aufscheinenden Motivreihen stehen namentlich in
Verbindung mit der Funktion der Landschaft in der Novelle, mit der
Darstellung Oberlins und der ‚Friederike'-Gestalt. Weiterhin werden for-
male Aspekte wie die Technik der Bildparallele berücksichtigt.

Bekanntlich hat Büchner namentlich zwei Einschübe in den Oberlin-Text
eingefügt: Die Landschaftsbeschreibung geht nicht auf die Oberlin-Quelle
zurück. H. P. Pütz hat nachgewiesen, daß nur einmal kurz ein Bezug zur
Landschaft in Oberlins Tagebuch erscheint; dieser Landschaftsbezug berück-
sichtigt lediglich die Witterung im Hinblick auf eine Wanderung, die durch
Mondschein erleichtert wurde.[11]
Die zweite Einlage größeren Umfangs ist die ästhetische Diskussion im
Kunstgespräch. Beiden kommt in der Antinomik der Novelle gesteigerte
Bedeutung zu.
Lenz klagt Oberlin „mit einem Ausdruck unendlichen Leidens":

[7] Hermann Pongs, „Büchners ‚Lenz' ", in *Wege der Forschung*, LIII. Hrsg. Wolfgang
Martens. Darmstadt 1965, S. 146.
[8] A.a.O., S. 139.
[9] A.a.O., S. 143.
[10] Gerhart Baumann, „Georg Büchner: ‚Lenz'. Seine Struktur und der Reflex des Dramatischen", *Euphorion*, LII (1958), 153—173.
[11] H. P. Pütz, „Büchners ‚Lenz' und seine Quelle. Bericht und Erzählung", *Zeitschrift
für deutsche Philologie* LXXXIV (1965), Sonderheft Moderne deutsche Dichtung, S. 8.

„aber ich, wär' ich allmächtig, sehen Sie, wenn ich so wäre, ich könnte das Leiden nicht ertragen, ich würde retten, retten, ich will ja nichts als Ruhe, Ruhe, nur ein wenig Ruhe und schlafen können."

Diese Ruhe findet Lenz in der Landschaft, die ihn umgibt. Sie ist der Ort, zu dem es ihn in krisenhafter Erregung drängt. Die Erfahrung der landschaftlichen Natur der Vogesen schenkt ihm Ruhe: „er mußte dann hinaus ins Freie"; Lenz erlebt „die mächtige Ruhe, die uns über der ruhenden Natur, im tiefen Wald, in mondhellen schmelzenden Sommernächten überfällt". *E contrario* wird die Beruhigung, die Lenz in der Landschaft erfährt, verdeutlicht durch den Unwillen, den Lenz äußert, als Kaufmann ihn zur Abreise mahnt:

Lenz fuhr ihn an: „Hier weg, weg! nach Haus? Toll werden dort? Du weißt, ich kann es nirgends aushalten, als da herum, in der Gegend . . . Jeder hat was nöthig; wenn er ruhen kann, was könnt' er mehr haben! . . ."

Nach dem mißglückten Versuch, das tote Mädchen, Friederike, zu erwecken, drängt es Lenz wieder „in's Gebirg": „Da stürzte er halb wahnsinnig nieder; dann jagte es ihn auf, hinaus in's Gebirg".

Nach diesem Ereignis erscheint aber der Bezug Lenzens zur Landschaft verdorben:

So kam er auf die Höhe des Gebirges, und das ungewisse Licht dehnte sich hinunter, wo die weißen Steinmassen lagen, und der Himmel war ein dummes blaues Aug, und der Mond stand ganz lächerlich drin, einfältig. Lenz mußte laut lachen, und mit dem Lachen griff der Atheismus in ihn und faßte ihn ganz sicher und ruhig und fest.

Jetzt, nach der mißglückten Erweckung, schenkt ihm die Landschaft keine Ruhe mehr:

Sein Zustand war indessen immer trostloser geworden, alles was er an Ruhe aus der Nähe Oberlins und aus der Stille des Thals geschöpft hatte, war weg; die Welt, die er hatte nutzen wollen, hatte einen ungeheuren Riß . . .

Die Perversion des Landschaftsbezugs ist bis zu dem Punkt getrieben, an dem die Landschaft nicht mehr Ruhe, sondern Angst impliziert: „die

Landschaft beängstigte ihn, sie war so eng, daß er an alles zu stoßen fürchtete".

Nach dem ‚Friederike'-Erlebnis „schreit" nun ‚die Stille des Thals':

> im Weggehen wandte er sich plötzlich um und trat wieder ganz nah zu Oberlin und sagte rasch: „Sehn, Sie, Herr Pfarrer, wenn ich das nur nicht mehr hören müßte mir wäre geholfen." — „Was denn, mein Lieber?" — „Hören Sie denn nichts, hören Sie denn nicht die entsetzliche Stimme, die um den ganzen Horizont schreit, und die man gewöhnlich die Stille heißt? . . ."

Der Umschlag des Landschaftsbezugs läßt sich auch an einigen Motivketten innerhalb der Darstellung der Landschaft, insbesondere dem Licht- und Wassermotiv, nachzeichnen.

Die wohl offenkundigste Motivkette der Novelle ist die des Lichts. Vor der Folie der Finsternis bedeutet Licht für Lenz Erleichterung: „er sah Lichter, es wurde im leichter". „Licht" und „leicht" werden noch einmal in engen Zusammenhang gerückt und mit dem Begriff des Ruhigen verbunden:

> die Lichter schienen durch die Fenster, er sah hinein im Vorbeigehen, Kinder am Tische, alte Weiber, Mädchen. Alles ruhige, stille Gesichter, es war ihm als müsse das Licht von ihnen ausstrahlen, es ward ihm leicht . . .

Wie Lenz die Erfahrung des Lichts Beruhigung und Erleichterung vermittelt, schaffen Dunkelheit und Finsternis einen Raum der Angst:

> das Licht war erloschen, die Finsterniß verschlag Alles; eine unnennbare Angst erfaßte ihn . . . Aber nur so lange das Licht im Thale lag, war es ihm erträglich; gegen Abend befiel ihn eine sonderbare Angst, er hätte der Sonne nachlaufen mögen . . .

Selbst in der Nacht sucht er das Licht, das „ihm besser" macht:

> das wenige, durch die Nacht zerstreute Licht, wenn seine Augen an die Dunkelheit gewohnt waren, machte ihm besser . . .

Das Licht- und Wassermotiv verbinden sich zum Bild einer von Schönheit durchdrungenen Landschaft:

> Ein Sonnenblick lag manchmal über dem Thal, die laue Luft regte sich langsam, die Landschaft schwamm im Duft, fernes Geläute, es war, als löste sich alles in eine harmonische Welle auf.

An anderer Stelle wiederholt sich die Verbindung des Licht- und Wassermotivs:

O Gott in Deines Lichtes Welle,
In Deines glüh'nden Mittags Helle
Sind meine Augen wund gewacht.
Wird es denn niemals wieder Nacht?

Eine Umkehr im Wert der Erfahrung von Licht und Wasser wie der elementaren Natur insgesamt liegt zwischen den beiden Bildkombinationen.

Das Licht machte Lenz die Welt „helle". Unmittelbar nach dem Friederike-Ereignis ist das Licht getrübt: „Wolken zogen rasch über den Mond; bald Alles im Finstern, bald zeigten sie die nebelhaft verschwindende Landschaft im Mondschein". Der Bezug zur Landschaft überhaupt, und namentlich zum Licht an dieser Stelle, ist verdorben: „der Himmel war ein dummes blaues Aug, und der Mond stand ganz lächerlich drin, einfältig". Das Licht ist jetzt „ungewiß" und wird „unheimliches Dunkel".

Das Motiv des Lichts läuft mit dieser Wendung aus. *E contrario* hören wir noch einmal von der erhaltenden Kraft des Lichts. „Auch bei Tage" ergreifen Lenz jetzt „Zufälle", „sie waren dann noch schrecklicher; denn sonst hatte ihn die Helle davor bewahrt". Selbst bei „Mondschein" hört Lenz „die entsetzliche Stimme, die um den ganzen Horizont schreit".

Über das Landschaftsbild am Ende der Novelle, das Lenz nicht mehr wahrnimmt, wird noch zu sprechen sein. Das Motiv des Lichts leuchtet darin noch einmal auf.

Das Lichtmotiv läuft auf die mißglückte Erweckung der Toten, Friederike, zu: Licht — namentlich Sonnenlicht — schenkt Lenz Ruhe und Erleichterung. Die Motivkette schlägt in dem Wunder, das nicht stattfindet, um. Das Licht bewahrt nicht mehr seine Kraft, es foltert Lenz und er wünscht sich Nacht.

In der Darstellung der Landschaft fällt weiterhin die Motivreihe des Wassers ins Auge, die von H. Himmel knapp dargestellt wurde; Himmel folgert: „Büchner macht . . . von der romantischen Leitmotivtechnik Gebrauch; hier ist es das Wasser, das vom zweiten Absatz der Novelle an immer wieder genannt wird."[12] Himmels Aufreihung der Wassermotivik in Lenz ist eine Beobachtung zu ihrer Valenz anzuschließen. Himmel zeichnet Büchners Wassermetaphorik in *Lenz* nach, zieht aber keine Schlüsse, die die Struktur der Novelle betreffen.

[12] Hellmuth Himmel, *Geschichte der deutschen Novelle*. Bern 1963, S. 154.

Gleichläufig mit dem Umschlag der Motivkette des Lichts sind mit dem Wassermotiv nach dem Versuch, das Mädchen Friederike zu erwecken, keine positiven Erfahrungen für Lenz mehr verbunden. Das Bild der Welle wird in der oben zitierten ‚deutenden Liedeinlage' mit dem des Lichtes vereint; beide zusammen implizieren nun Qual.

P. Hasubek berücksichtigt noch nicht diese Ambivalenz des Lichtes in seiner Beobachtung: „Das Bild der Welle wird von Büchner dort zitiert, wo sich Lenz mit sich und seiner Umwelt im Einklang weiß".[13] P. Hasubek zitiert:

> Er wurde still, vielleicht fast träumend, es verschmolz ihm Alles in eine Linie, wie eine steigende und sinkende Welle, zwischen Himmel und Erde, es war ihm als läge er an einem unendlichen Meer, das leise auf- und abwogte

und folgert in diesem Zusammenhang: „Der Riß, der durch Lenz und die Welt geht, scheint hier beseitigt zu sein".[14] Die weiter unten durchgeführte Bilderinterpretation *I b* scheint diesen Schluß für die von Hasubek angeführte Lenz-Stelle nicht zu rechtfertigen.

Nach der „Peripetie", der versuchten Totenerweckung, badet sich Lenz wieder im Brunnen:

> er stürzte sich dann in den Brunnentrog, patschte darin, wieder heraus und herauf in sein Zimmer, wieder herunter in den Trog, und so einigemal, endlich wurde er still.

Aber Lenz ist nicht beruhigt:

> Die Mägde, die in der Kinderstube unter ihm schliefen, sagten, sie hätten oft, insonderheit aber in selbiger Nacht, ein Brummen gehört, das sie mit nichts als mit dem Tone einer Habergeise zu vergleichen wüßten.

Ein Sprung in den Brunnen — „Wasser" wird nach der „Peripetie" nicht mehr genannt — verstärkt durch seine Hyperbolik den Eindruck, daß mit dem Wassermotiv keine Linderung des Schmerzes von Lenz verbunden wird:

> Einen Augenblick darauf platzte etwas im Hof mit so starkem Schall, daß es Oberlin unmöglich von dem Falle eines Menschen

---

[13] Peter Hasubeck, " ‚Ruhe' und ‚Bewegung'. Versuch einer Analyse von Georg Büchners ‚Lenz' ", *Germanisch-Romanische Monatsschrift*, L (1969), 33—59.
[14] A.a.O., S. 44.

herkommen zu können schien. Die Kindsmagd kam todtblaß
und ganz zitternd . . .

Damit findet das Wassermotiv einen Abschluß; zu berücksichtigen ist
noch die Verbindung von Wasser- und Lichtmotiv in dem Panorama der
Vogesenlandschaft, von der sich Lenz auf seinem Weg in die Ebene entfernt.
Sie wird wegen ihrer strukturalen Eigenart und Bedeutung gesondert untersucht.

Die Ruhe spendende Kraft der elementaren Natur, des Lichtes und hilf-
reicher mitmenschlicher Nähe und Wärme sind in einem Bild am Anfang
integriert:

> er mußte Oberlin oft in die Augen sehen, und die mächtige Ruhe,
> die uns über der ruhenden Natur, im tiefen Wald, in mondhellen
> schmelzenden Sommernächten überfällt, schien ihm noch näher,
> in diesem ruhigen Auge, diesem ehrwürdigen ernsten Gesicht.

Der Bezug zu Oberlin ist in der Novelle vielfach durchgestaltet. Pütz
weist darauf hin, daß die Ich-Perspektive Oberlins in seinem Tagebuch
von Büchner umstrukturiert wurde zu einer Perspektive, die „durch Lenz
hindurchführt" und in der Oberlin als Erzählobjekt gesehen wird.[15] Mit
dieser perspektivischen Verschiebung ergibt sich nicht nur eine eindring-
lichere Darstellung der inneren Bewegungen in Lenz, sondern auch eine
Objektivierung der Gestalt Oberlins. Oberlin tritt stärker mithandelnd
und auf Lenz wirkend in die Erzählung ein.

Dem Kunstgespräch bleibt Oberlin fern. Ein philosophisches Gespräch im
Zusammenhang des Problems der Individualisierung wird von Oberlin
abgebrochen, „es führte ihn zu weit von seiner einfachen Art ab". Oberlin
ist der tätige Hirte seiner Gemeinde, besorgt um ihr seelisches und leibliches
Wohl. Der vielfach gesetzte Akzent auf Oberlins tätige Hilfe wird auch in
seinem Verhältnis zu Lenz bewahrt.

Lenz, der „Ruhe, Ruhe, nur ein wenig Ruhe" sucht, findet sie im „ruhigen Auge" Oberlins, an den er sich wendet, wobei seine Sehnsucht nach
Rettung wiederholt taktiert wird.

Das Wortmotiv des ‚Rettens' ist eng mit der Gestalt Oberlins ver-
knüpft:

---

[15] H. P. Pütz, a.a.O., S. 16.

Er rettete sich in eine Gestalt, die ihm immer vor Augen schwebte, und in Oberlin; seine Worte, sein Gesicht thaten ihm unendlich wohl. .

Jedoch auch in weniger auffälliger Weise wirkt der Einfluß Oberlins wohltuend auf Lenz. Eine Bildparallele im Hinblick auf Oberlins Einfluß auf Lenz darf in diesen Zusamenhang gestellt werden (s. Bildinterpretation *I a*).

Auch die Gestalt Oberlins ist in dem Umschlag der Motive, wie sie bei der elementaren Natur beobachtet werden konnte, miteinbezogen. Bis zur „Peripetie" findet Lenz offenkundig und nachdrücklich Ruhe bei Oberlin. Danach wird ein Wechsel im Bezug zu Oberlin deutlich.

Nach der unerwartet frühen Rückkehr Oberlins aus der Schweiz, die dem Erweckungsversuch folgt, ist Lenz „darüber betroffen". Im ersten Gespräch mit Oberlin gerät Lenz „in heftige Unruhe". Lenz bittet jetzt auch Oberlin wiederholt, ihn zu schlagen. Er hat sich auch von Oberlin gelöst, worauf ein leiser Vorwurf zuerst hinweist:

„Ja wenn ich so glücklich wäre, wie Sie, einen so behaglichen Zeitvertreib aufzufinden, ja man könnte sich die Zeit schon so ausfüllen . . ."

Lenz sucht nicht mehr das Gespräch mit Oberlin:

Am folgenden Morgen kam Lenz lange nicht. Endlich ging Oberlin hinauf in sein Zimmer, er lag im Bett ruhig und unbeweglich. Oberlin mußte lange fragen, ehe er Antwort bekam . . .

Lähmende Langeweile hat Lenz betroffen, die auch die Nähe Oberlins nicht vertreibt. Der Riß, der nun Lenz auch von Oberlin trennt, ist nicht mehr zu überbrücken: „alles was er an Ruhe aus der Nähe Oberlins und aus der Stille des Thals geschöpft hatte, war weg". Der Selbsterhaltungstrieb ‚jagt' Lenz noch einmal in die Arme Oberlins. Schließlich trifft er Oberlin in der Landschaft der Vogesen. Oberlin, der ihm Ruhe spenden konnte, hat jetzt diese Kraft verloren:

„Hören Sie denn nichts, hören Sie denn nicht die entsetzliche Stimme, die um den ganzen Horizont schreit, und die man gewöhnlich die Stille heißt? seit ich in dem stillen Thal bin, hör' ich's immer, es läßt mich nicht schlafen, ja Herr Pfarrer, wenn ich wieder einmal schlafen könnte."

Wie bei den Motivketten des Lichtes und des Wassers ist auch in der Darstellung der Gestalt Oberlins eine Ambivalenz und Umkehr wahrzunehmen;

Zuneigung und Übereinstimmung schlagen um ins Gegenteil, wofür ein Wort Lenzens nach einem Gespräch mit Oberlin als bezeichnend herangezogen werden mag: „Lenz schüttelte trostlos mit dem Kopfe".

Die auf eine Peripetie — es ist hier einzufügen: eine Peripetie für Lenz — zulaufende Landschaftsdarstellung wird, strukturell gesehen, begleitet von gleichläufig auf eine Peripetie hin geführten Motivreihen, die, neben Oberlin, von der ‚Friederike'-Gestalt bestimmt werden.

Lenz kommt von Friederike Brion in Sesenheim „durchs Gebirg" zu Oberlin, was als historisches Faktum stillschweigend ‚vorauszusetzen' ist.[16] Lenz liebte Friederike Brion, nachdem Goethe sie verlassen hatte. „Alles Historische und Faktische setzt (Büchner) voraus, es ist der Hintergrund, nicht der Gegenstand der Erzählung. Dieser Hintergrund ist immer gegenwärtig, wird aber nirgends um seiner selbst willen aufgehellt."[17] Lenz nennt bewußt Friederike nie bei Namen. Nur nach dem Mittelpunktsereignis, als er um Mitternacht sich in den Brunnen stürzt, ruft er „mit hohler, harter Stimmer den Namen Friederike, mit äußerster Schnelle, Verwirrung und Verzweiflung ausgesprochen". Der Name Friederike fällt sonst nur einmal, in einer Interpolation, die W. R. Lehmann aus der Oberlin-Quelle aufgefüllt hat: „Am dritten Hornung hörte er, ein Kind in Fouday sey gestorben, das Friederike hieß".

Gleichwohl steht das Friederike-Ereignis im Mittelpunkt der beziehungsdichten Novelle. Daß Friederike kaum bei Namen genannt wird, nimmt nichts von ihrer Bedeutung in der Novelle. Im Gegenteil, daß ihr Name, trotz ihrer Allgegenwärtigkeit, kaum genannt bleibt, vertieft sogar die Bedeutung. Die Friederike-Gestalt wird gerade wegen ihrer Bedeutung tabuisiert. Sie steht im Kern des Bewußtseins Lenzens, der keinen Namen braucht, um von „ihr" zu sprechen.

Die sorgende Nähe des tüchtigen Oberlin beruhigt Lenz. Seine menschliche Wärme tut ihm wohl: Was von Oberlin gilt, gilt in gesteigertem Maße von Friederike. „Er rettete sich in eine Gestalt, die ihn immer vor Augen schwebte, und in Oberlin". Es fällt auf, daß „eine Gestalt", die tabuisierte

---

[16] Vgl. J. P. Stern, S. 132 f.
[17] Hans Peter Herrmann, „ ‚Den 20. Jänner ging Lenz durchs Gebirg.' Zur Textgestalt von Georg Büchners nachgelassener Erzählung", *Zeitschrift für deutsche Philologie*, LXXXV (1966), 258 f. — Dieser Feststellung Herrmanns darf im Hinblick auf Friederike Brion im Grunde zugestimmt werden, wenn — wie Herrmann impliziert — die Kenntnis der historischen Friederike als ancillarisch für die ‚Friederike'-Gestalt der Novelle angenommen wird.

Friederike, an erster Stelle genannt wird. Die Trennung von ihr ist Lenz unerträglich. Die verlorene Liebe bedeutet ihm physischen Schmerz:

> Gegen Abend kam Lenz wieder, es dämmerte in der Stube; er setzte sich neben Madame Oberlin. „Sehn Sie", fing er wieder an, „wenn Sie so durch's Zimmer ging, und so halb für sich allein sang, und jeder Tritt war eine Musik, es war so eine Glückseligkeit in ihr, und das strömte in mich über, ich war immer ruhig, wenn ich sie ansah, oder sie so den Kopf an mich lehnte und Gott! Gott — Ich war schon lange nicht mehr ruhig ⌐Lücke im Text⌐ Ganz Kind; es war, als wär ihr die Welt zu weit, sie zog sich so in sich zurück, sie suchte das engste Plätzchen im ganzen Haus, und da saß sie, als wäre ihre ganze Seligkeit nur in einem kleinen Punkt, und dann war mir's auch so; wie ein Kind hätte ich dann spielen können. Jetzt ist es mir so eng, so eng, sehn Sie, es ist mir manchmal, als stieß' ich mit den Händen an den Himmel; o ich ersticke! Es ist mir dabei oft, als fühlt' ich physischen Schmerz, da in der linken Seite, im Arm, womit ich sie sonst faßte. Doch kann ich sie mir nicht mehr vorstellen, das Bild läuft mir fort, und dies martert mich, nur wenn es mir manchmal ganz hell wird, so ist mir wieder recht wohl." — Er sprach später noch oft mit Madame Oberlin davon, aber meist nur in abgebrochenen Sätzen; sie wußte wenig zu antworten, doch that es ihm wohl.

Das Wortmotiv ‚links' (vgl. „Es ist mir dabei oft, als fühlt' ich physischen Schmerz, da in der linken Seite, im Arm, womit ich sie sonst faßte") erinnert auch an anderer Stelle insgeheim an Friederike:

> auf der linken Schulter hatte er ein Stück Pelz und in der Hand ein Bündel Gerten . . . Er reichte Oberlin die Gerten mit dem Begehren, er sollte ihn damit schlagen.
> (Oberlin) war im Begriff wegzugehen, als es an seine Tür klopfte und Lenz hereintrat mit vorwärts gebogenem Leib, niederwärts hängendem Haupt, das Gesicht über und über und das Kleid hie und da mit Asche bestreut, mit der rechten Hand den linken Arm haltend.

Das Wortmotiv „links" verbindet die Friederike-Gestalt mit dem kranken Mädchen:

> (Die Kranke) lag zurückgelehnt, die Hände gefaltet unter der linken Wange.

Die Nacht in der Hütte bei dem kranken Mädchen hat eine auslösende Funktion für die Artikulation der „Allgegenwärtigkeit" Friederikes in Lenzens Vorstellung. Durch die Nähe des Mädchens in der Hütte wird ihm die Ferne Friederikes bewußt. Diesen Schmerz kann er nicht allein tragen. Eine ‚deutende Liedeinlage' spricht ihm den Schmerz der Trennung von Friederike aus:

> Auf dieser Welt hab' ich kein' Freud',
> Ich hab mein Schatz und der ist weit.

Jetzt wendet sich Lenz an Madame Oberlin, „er mußte davon sprechen. ‚Beste Madame Oberlin, können Sie mir nicht sagen, was das Frauenzimmer macht, dessen Schicksal mir so schwer auf dem Herzen liegt?' "

Es liegt nahe, daß Lenz durch die Erweckung des toten Mädchens, „das Friederike hieß", die Liebe Friederikes neu zu beleben hofft. Wiederholung verstärkt die Bedeutung seines Versuchs:

> Dann flehte er, Gott möge ein Zeichen an ihm thun . . .

> . . . er betete mit allem Jammer der Verzweiflung, wie er schwach und unglücklich sey, daß Gott ein Zeichen an ihm thue, und das Kind beleben möge.

Nach dem Versuch der Erweckung des Kindes ist auch ‚das Frauenzimmer tot'.

> Dann frug er plötzlich freundlich, was das Frauenzimmer mache. Oberlin sagte, er wisse von nichts, er wolle ihm aber in Allem helfen und rathen, er müsse ihm aber Ort, Umstände und Person angeben. Er antwortete nichts wie gebrochene Worte: „Ach sie ist todt! . . ."

Weiterhin sagt Lenz: „Liebster Herr Pfarrer, das Frauenzimmer, wovon ich Ihnen sagte, ist gestorben, ja gestorben, der Engel." Im ersten Gespräch mit Oberlin nach der mißglückten Totenerweckung äußert Lenz: „Doch mit mir ist's aus!" Im Hinblick auf das Motivgeflecht, das die Werke Büchners verbindet, ist ein Hinweis auf Büchners *Woyzeck* erlaubt, da auch in diesem Drama Liebe in ihrer Zufälligkeit zum Vorwurf der tragischen Handlung wird.

Das Ergebnis des Umschlags der Motivketten, wie es bisher dargestellt wurde, steht im Widerspruch zu der strukturalen Analyse von H. Pongs. Die nachgewiesene Zäsur durch die mißglückte Totenerweckung ist der

Interpretation von Pongs entgegenzustellen, der in dem Kaufmann-Besuch und der Aufforderung Kaufmanns, daß Lenz Oberlin und die Vogesen verlassen sollte, den „Wendepunkt" der Novelle sieht.

Die Übertonung der Gestalt Oberlins („wo Oberlin, *wo der Schutz des Heiligen um ihn aufhört, fangen die Dämonen an*"[18]) führt Pongs zu dem Schluß, daß schon der Drohung der Trennung von Oberlin „die Peripethie (sic), der ‚Wendepunkt', mit Tieck zu sprechen" folge.[19] Zwar relativiert Pongs im weiteren die Vorstellung der Peripetie in diesem Ereignis (z. B., „Aleingelassen fällt Lenz den Dämonen anheim. Fortschreitend vollzieht sich in Lenzens Seele der Zerfall"[20]), setzt aber die entscheidende Zäsur der Novelle doch an dieser Stelle an.

Es ist jedoch festzuhalten, daß sich Lenz auch nach dem Kaufmann-Besuch noch immer „in eine Gestalt", das ist Friederike, zu „retten" vermag. Auch ist Lenz hier lediglich „verstimmt". Selbst nach der Trennung von Oberlin, der in die Schweiz reist, ist eine entscheidende Peripetie noch nicht gestaltet. Kaufmanns Aufforderung zum Verlassen der Vogesen wird für Lenz eher ein auslösendes Motiv, das zu einer — anders als Pongs annimmt — vielfach motivierten Peripetie hinführt: der versuchten Totenerweckung. Unter dem Eindruck von Kaufmanns Aufforderung zur Abreise äußert Lenz: „Sehen Sie, ich will gehn; Gott, Sie sind noch die einzigen Menschen, wo ich's aushalten könnte, und doch — doch, ich muß weg, zu i h r, aber ich kann nicht, ich darf nicht." — Den Weg „zu i h r" findet Lenz dann in dem Versuch, das tote Mädchen, „das Friedrike hieß", zu erwecken.

Ein kontrapunktisches Strukturelement wird weiterhin in Bildparallelen deutlich, die in die Novelle eingelegt sind. Das antinomische Gestaltungsprinzip der Novelle, das durch die Antithetik innerhalb der untersuchten Motivreihen erweitert wird, findet eine Ergänzung in der antithetischen Strukturierung verschiedener Bildparallelen. Die erste Bildparallele ist durch Anwesenheit bzw. Abwesenheit Oberlins mitbestimmt. Die zweite der hier untersuchten Bildparallelen umschließt die Novelle in bezeichnender Weise.

Zunächst sind die folgenden Texte vergleichbar:

> *I a.* Mit Oberlin zu Pferde durch das Thal, breite Bergflächen, die
> aus großer Höhe sich in ein schmales, gewundnes Thal zu-

---

[18] H. Pongs, a.a.O., S. 143.
[19] A.a.O.
[20] A.a.O.

sammenzogen, das in mannigfachen Richtungen sich hoch an den Bergen hinaufzog, große Felsenmassen, die sich nach unten ausbreiteten, wenig Wald, aber alles im grauen ernsten Anflug, eine Aussicht nach Westen in das Land hinein und auf die Bergkette, die sich grad hinunter nach Süden und Norden zog, und deren Gipfel gewaltig, ernsthaft oder schweigend still, wie ein dämmernder Traum standen. Gewaltige Lichtmassen, die manchmal aus den Thälern, wie ein goldner Strom schwollen, dann wieder Gewölk, das an dem höchsten Gipfel lag, und dann langsam den Wald herab in das Thal klomm, oder in den Sonnenblitzen sich wie ein fliegendes silbernes Gespinnst herabsenkte und hob, kein Lärm, keine Bewegung, kein Vogel, nichts als das bald nahe, bald ferne Wehn des Windes. Auch erschienen Punkte, Gerippe von Hütten, Bretter mit Stroh gedeckt, von schwarzer ernster Farbe. Die Leute, schweigend und ernst, als wagten sie die Ruhe ihres Thales nicht zu stören, grüßten ruhig, wie sie vorbeiritten. In den Hütten war es lebendig, man drängte sich um Oberlin, er wies zurecht, gab Rath, tröstete, überall zutrauensvolle Blicke, Gebet. Die Leute erzählten Träume, Ahnungen.

1 b. Das Wetter war milde geworden, er beschloß Oberlin zu begleiten, in's Gebirg. Auf der andern Seite, wo die Thäler sich in die Ebene ausliefen, trennten sie sich. Er ging allein zurück. Er durchstrich das Gebirg in verschiedenen Richtungen, breite Flächen zogen sich in die Thäler herab, wenig Wald, nichts als gewaltige Linien und weiter hinaus die weite rauchende Ebene, in der Luft ein gewaltiges Wehen, nirgends eine Spur von Menschen, als hie und da eine verlassene Hütte, wo die Hirten den Sommer zubrachten, an den Abhängen gelehnt. Er wurde still, vielleicht fast träumend, es verschmolz in ihm Alles in eine Linie, wie eine steigende und sinkende Welle, zwischen Himmel und Erde, es war ihm als läge er an einem unendlichen Meer, das leise auf- und abwogte. Manchmal saß er, dann ging er wieder, aber langsam träumend. Er suchte keinen Weg. Es war finster Abend, als er an eine bewohnte Hütte kam, im Abhang nach dem Steinthal. Die Thüre war verschlossen, er ging an's Fenster, durch das ein Lichtschimmer fiel. Eine Lampe erhellte fast nur einen Punkt, ihr Licht fiel auf das bleiche Gesicht eines Mädchens, das mit halb geöffneten Augen, leise die Lippen bewegend, dahinter ruhte. Weiter weg im Dunkeln saß ein altes Weib, das mit schnarrender Stimme aus einem Gesangbuch sang.

In dieser Bildparallele — beide Bilder liegen noch vor der Peripetie — erschließt sich bei offenkundiger Parallelität der beiden Passus die den Bildern eigene Antithetik.

Die Entsprechungen sind deutlich. Sie bewegen sich von Parallelität des Aufbaus und Themengleichheit bis zur Identität mancher Stellen.

In beiden Passagen begleitet Lenz Oberlin in die Vogesen. Der Schilderung der Landschaft, in der das Gewaltige, Überwältigende, herausgehoben wird, folgt der Eintritt des Menschen im ersten und zweiten Text.

Ein religiöses Moment ist in beiden Bildern abschließend durch den pastoralen Auftritt Oberlins bzw. die Andacht der Alten „aus einem Gesangbuch" eingeführt.

Engste Berührung oder Identität zeigen die folgenden Entsprechungen:

breite Bergflächen, die sich in ein ... Thal zusammenzogen	*breite Flächen zogen sich die Thäler herab*
wenig Wald	*wenig Wald*
(der Ausdruck des Gewaltigen *Gewaltige Lichtmassen*)	*(gewaltige Linien)*
Gerippe von Hütten	*hie und da eine verlassene Hütte*
in mannigfachen Richtungen	*in verschiedenen Richtungen*
still, wie ein dämmernder Traum	*still, vielleicht fast träumend*
nichts als das bald nahe, bald ferne Wehn des Windes	*in der Luft ein gewaltiges Wehen, nirgends eine Spur von Menschen*

Demgegenüber fallen schon bei erster Lektüre Gegensätze in den beiden Bildern auf, die im folgenden knapp skizziert werden:

Oberlin ist bei Lenz	Oberlin ist abwesend
‚Lenz' wird nicht genannt	‚Lenz' wird genannt

	Lenz Außenseiter?
Lenz erscheint gewissermaßen harmonisch integriert in die Landschaft an der Seite Oberlins	
zusammengezogen	*Auf der andern Seite*
hinaufzog	*ausliefen*
Sonnenblitzen . . . wie ein fliegendes silbernes Gespinnst	*finstrer Abend* *ein Lichtschimmer* *Eine Lampe erhellte fast nur einen Punkt, ihr Licht fiel auf das bleiche Gesicht eines Mädchens* *Weiter weg im Dunkeln* kein Licht wird genannt, endet am Abend
In den Hütten war es lebendig, man drängte sich um Oberlin, überall zutrauensvolle Blicke, Gebet	*Thür verschlossen* *ein Lichtschimmer enthüllt ein bleiches Mädchen*
Die Leute erzählen Träume, Ahnungen	das bleiche Mädchen bewegt die Lippen „leise" *Weiter weg im Dunkeln saß ein altes Weib, das mit schnarrender Stimme aus einem Gesangbuch sang.*

Die Bewegung des ersten Abschnitts kommt im ersten Satz vom starken Einsatz aus zu einer Ruhe, die dann im zweiten Satz auch von der Landschaft ausgesagt wird („keine Bewegung").

Das fehlende Verb am Beginn des ersten Satzes gibt einen Stakkato-Ton, der aus der Novelle vertraut ist. Das Ziel dieser elliptisch-intensivierten Bewegung, das in die Landschaft der Vogesen eingebettete Gebirgstal, höher im Gebirg gelegen, bringt allerdings nicht nur thematisch sondern auch formal einen Kontrapunkt der Ruhe zur anfänglichen Bewegung.

Der Ellipse schließt sich ein glättender, das Bild der Landschaft weithin übergreifender Relativsatz an, dem dann eine z. T. parataktische „Summierung" folgt. Die „Statik", die das Ende des ersten Satzes bestimmt, wird im zweiten Satz weitergeführt, der wie der erste einsetzt, dem Relativkonstruktionen folgen, und der in „statischer Summierung" ausklingt, die die Ruhe der Landschaft spiegelt. Allerdings sind die parataktischen Nominalglieder nicht mehr unverbunden nebeneinandergestellt, sondern durch Konjunktionen aneinandergereiht: „dann", „und dann", „oder", so daß schon eine „schwebende" Verbindung vorausgezeichnet ist, die dem Traumartigen und Ahnungsvollen am Ende des Passus nicht fremd erscheint.[21] Bestätigt wird diese vorläufige Beobachtung dann durch die Beschreibungsformen *goldner Strom; Gewölk . . . an dem höchsten Gipfel; langsam den Wald herab; fliegendes silbernes Gespinst; kein Lärm, keine Bewegung, kein Vogel, nichts als das bald nahe, bald ferne Wehn des Windes.*

So vertieft der zweite Satz den Eindruck des Traumartigen, den der erste Satz im Ausklang nennt („dämmernder Traum") und weist auf „Träume, Ahnungen" am Ende des Ausschnitts hin. Der Eindruck des Ineinanderdringens und Ineinanderruhens in diesem Bildtext wird durch Assonanzen und rhythmisch bestimmte Wiederholungen vertieft: *Gewaltige Lichtmassen, die manchmal wie ein goldner Strom schwollen / Gewölk . . . höchsten / lag . . . langsam den Wald herab in das Thal / klomm oder Sonnen / blitzen sich wie ein fliegendes silbernes Gespinst / kein Lärm, keine Bewegung, kein Vogel / das bald nahe, bald ferne Wehn des Windes.*

Zu diesen Zusammenklängen dürfen noch die harmonisch ausgewogenen Richtungsbestimmungen gestellt werden, die mit *oben* und *unten / nahe — ferne / senken — heben / Gipfel* und *Thal* / (vgl. dazu ‚breit' — ‚schmal') gegeben sind.

Die Landschaft ist „ernsthaft und schweigend still"; dem entsprechend sind die Leute „schweigend und ernst". Der Mensch ist mit seiner Landschaft gleichgestimmt verbunden. Die Landschaft hat einen „grauen ernsten Anflug"; die Hütten der Menschen sind „von schwarzer ernster Farbe". Es fällt auf, daß der Mensch in einem Bild des Todes in die Landschaft eingefügt wird: „Gerippe von Hütten". In diesen Hütten wird es aber „lebendig", wenn Oberlin ankommt.

Lenz trennt sich von Oberlin, wo der *locus amoenus* der Vogesen „in die Ebene" ausläuft.

Während im ersten Abschnitt Lenz nicht genannt wird, und eine Beobachtung der Landschaft und der Menschen vorwiegt, ist im zweiten Abschnitt in knappen, manchmal parataktisch nebeneinander gestellten Hauptsätzen immer wieder der Einsatz mit „Er" gegeben: *Er ging allein zurück / Er durchstrich das Gebirg in verschiedenen Richtungen / Er wurde still, viel-*

[21] H. P. Pütz, S. 10, weist auf „Nominalballungen" in diesem Zusammenhang hin.

leicht fast träumend / Manchmal saß er, dann ging er wieder / Er suchte keinen Weg.

Die Betonung der Gestalt Lenzens verstärkt den Eindruck seiner Separation von der Umwelt, die gegen Ende des Abschnitts ins Bild tritt; die Trennung wird auch dadurch verdeutlicht, daß sich Lenz nicht in der konkreten Vogesenlandschaft wähnt, die er durchwandert, sondern „es war ihm, als läge er an einem unendlichen Meer . . .“

Lenz erscheint von seiner Umwelt, von Menschen und Landschaft getrennt. Während es im ersten Abschnitt in den Hütten „lebendig“ war, ist die „Thür“ der einen Hütte im zweiten Abschnitt „verschlossen“.

Die Beschreibungen der Ruhe, Harmonie und Schönheit im ersten Passus werden im zweiten nicht wiederholt, dagegen wird Lenz als Einzelner in einer überwältigend erstellten Landschaft gesehen. Lenz schafft sich eine Empfindung des Harmonischen, aber ihm gelingt diese Erfahrung nur „vielleicht fast träumend“. Lenz, der allein ist und sich aus der ihn umgebenden Welt in einen Traum versetzt hat, steht als Außenseiter vor Menschen, die keinen Anteil nehmen. In diesem zweiten Passus sind Lenz Landschaft und Menschen gleich fern. Im ersten Bild sind Menschen und Landschaft „ruhig“, die Menschen „ruhig“ auch im Bezug zueinander.

> Die Leute, schweigend und ernst, als wagten sie die Ruhe ihres Thales nicht zu stören, grüßten ruhig . . . In den Hütten war es lebendig, man drängte sich um Oberlin . . .

Im zweiten Abschnitt erdenkt sich Lenz ein „Meer, das leise auf- und abwogte“. Statt „überall vertrauensvolle Blicke“ findet Lenz im zweiten Passus ein „bleiches“ Mädchen, „das mit halb geöffneten Augen, leise die Lippen bewegend“ hinter der Lampe ruht.

Während im ersten Abschnitt ein symphonischer Zusammenklang bewirkt wird, herrscht im zweiten das ‚Alleinsein‘ vor, unter dem Lenz leidet. Im zweiten Passus „ist die Vision der Harmonie nur mehr ein Traum eines Einsamen, und auch die Rückkehr in die Umgebung der Menschen steht unter einem ungünstigen Zeichen“.[22]

Die Bewegung der beiden untersuchten Bildpassagen deutet die Richtung an, die seine „innere Geschichte“ nimmt. Der ‚Riß‘, der Lenz von seiner Umwelt, die er schließlich nicht mehr wahrnimmt, trennt, ist nach der mißglückten Erweckung endgültig geworden. Diese Entwicklung verdeut-

---

[22] Diesen Hinweis und verschiedene wichtige Ergänzungen in diesem Zusammenhang verdanke ich Gerhard Griebenow.

licht das Bild der Landschaft der Vogesen, das wie ein Rahmen um die Novelle gelegt ist.

II a. Nur manchmal, wenn der Sturm das Gewölk in die Thäler warf, und es den Wald herauf dampfte, und die Stimmen an den Felsen wach wurden, bald wie fern verhallende Donner, und dann gewaltig heranbrausten, in Tönen, als wollten sie in ihrem wilden Jubel die Erde besingen, und die Wolken wie wilde wiehernde Rosse heransprengten, und der Sonnenschein dazwischen durchging und kam und sein blitzendes Schwert in den Schneeflächen zog, so daß ein helles, blendendes Licht über die Gipfel in die Thäler schnitt; oder wenn der Sturm das Gewölk abwärts trieb und einen lichtblauen See hineinriß, und dann der Wind verhallte und tief unten aus den Schluchten, aus den Wipfeln der Tannen wie ein Wiegenlied und Glockengeläute heraufsummte, und am tiefen Blau ein leises Rot hinaufklomm, und kleine Wölkchen auf silbernen Flügeln durchzogen und alle Berggipfel scharf und fest, weit über das Land hin glänzten und blitzten, riß es ihm in der Brust, er stand, keuchend, den Leib vorwärts gebogen, Augen und Mund weit offen, er meinte, er müsse den Sturm in sich ziehen, Alles in sich fassen, er dehnte sich aus und lag über der Erde, er wühlte sich in das All hinein, es war eine Lust, die ihm wehe that; oder er stand still und legte das Haupt in's Moos und schloß die Augen halb, und dann zog es weit von ihm, die Erde wich unter ihm, sie wurde klein wie ein wandelnder Stern und tauchte sich in einen brausenden Strom, der seine klare Fluth unter ihm zog.

II b. Er saß mit kalter Resignation im Wagen, wie sie das Thal hervor nach Westen fuhren. Es war ihm einerlei, wohin man ihn führte; mehrmals wo der Wagen bei dem schlechten Wege in Gefahr gerieth, blieb er ganz ruhig sitzen; er war vollkommen gleichgültig. In diesem Zustand legte er den Weg durch's Gebirg zurück. Gegen Abend waren sie im Rheinthale. Sie entfernten sich allmählig vom Gebirg, das nun wie eine tiefblaue Krystallwelle sich in das Abendroth hob, und auf deren warmer Fluth die rothen Strahlen des Abends spielten; über die Ebene hin am Flusse des Gebirges lag ein schimmerndes bläuliches Gespinnst. Es wurde finster, je mehr sie sich Straßburg näherten; hoher Vollmond, alle fernen Gegenstände dunkel, nur der Berg neben bildete eine scharfe Linie, die Erde war wie ein goldner Pokal, über den schäumend die Goldwellen des Monds liefen. Lenz starrte ruhig hinaus, keine Ahnung, kein Drang; nur wuchs eine dumpfe Angst in ihm, je mehr die Gegenstände sich in der Finsterniß verloren. Sie mußten einkehren; da machte er wieder mehrere Versuche, Hand an sich zu legen, war aber zu scharf bewacht. Am folgenden Morgen bei trübem regnerischem Wetter traf er in Straßburg ein. Er schien ganz vernünftig, sprach mit den Leuten; er that Alles wie es die Andern thaten, es war aber eine entsetzliche Leere in ihm, er fühlte keine Angst mehr, kein Verlangen; sein Dasein war ihm eine nothwendige Last. — So lebte er hin.

In der ersten Passage versucht Lenz, noch einen Zugang zur Landschaft und Umwelt zu gewinnen; „er wühlte sich in das All hinein". Dieser Impuls ist im zweiten Bild erstorben: „Lenz starrte ruhig hinaus, keine Ahnung, kein Drang".

Es ist dieselbe Landschaft wie im ersten Bild, die Lenz am Ende nicht mehr wahrnimmt. Im ersten Bild wird diese Landschaft im Licht des herannahenden Abends gesehen, im zweiten ist sie in ‚Abendrot' getaucht, dem ‚Finsternis' und Mondlicht folgen. Im Ausklang wird die Erzählerperspektive nicht mehr „durch Lenz" geführt. Diese Landschaft im Ausgang der Novelle ist schön in sich, abgesondert von Lenz, erhoben zu einem Weltpanorama, das mit der Sicht der Welt im Kunstgespräch übereinstimmt, eine Welt, die „eine unendliche Schönheit" bezeichnet.

Das Licht, gelöst von Lenzens innerer Erfahrung, bewährt seinen strahlenden Glanz, bezeugt durch die in „Abendroth" getauchte Welt des Gebirges, „eine tiefblaue Krystallwelle . . . auf deren warmer Fluth die rothen Strahlen des Abends spielten", „ein schimmerndes bläuliches Gespinst" schwebt vor der Gebirgskette; „die Erde war ein goldner Pokal, über den schäumend die Goldwellen des Monds liefen".

Das Wassermotiv, das in der „Binnenerzählung" durch die mißglückte Totenerweckung eine Umkehr erfuhr, wird am Ende noch einmal in seinem Bedeutungswert des Harmonischen in den Bildern „tiefblaue Krystallwelle", und ‚warme Fluth' aufgegriffen, insbesondere in dem Vergleich

„die Erde war wie ein goldner Pokal, über den schäumend die Goldwellen des Monds liefen".

Eine dritte Entsprechung wird deutlich. H. P. Pütz hat „Sehnsucht nach Konkretion" in die Diskussion um die Lenz-Novelle eingeführt: „Das Verschwinden der festen Gegenständlichkeit erweckt in Lenz die Angst, die Karl Viëtor als das ,eigentliche Leitmotiv der Geschichte' bezeichnet."[23] Aus dem ,Vagen' sucht Lenz ins ,Konkrete' durchzustoßen.

Schon am Eingang der Novelle werden Bilder des Vagen mit denen des Konkreten kontrastiert:

> Es war naßkalt, das Wasser rieselte die Felsen hinunter und sprang über den Weg. Die Äste der Tannen hingen schwer herab in die feuchte Luft. Am Himmel zogen graue Wolken, aber Alles so dicht, und dann dampfte der Nebel herauf und strich schwer und feucht durch das Gesträuch, so träg, so plump.
>
> . . .
>
> Anfangs drängte es ihm in der Brust, wenn das Gestein so wegsprang, der graue Wald sich unter ihm schüttelte, und der Nebel die Formen bald verschlang, bald die gewaltigen Glieder halb enthüllte . . .

Diesen ,vagen Umrissen', den von Schatten und Traum aufgelösten Konturen, stehen „alle Berggipfel scharf und fest" gegenüber. Sie überragen Lenzens Welt der Angst und Leere.

Am Ende der Novelle sind die Elemente des Vagen getilgt. Das Gebirge hebt sich „wie eine tiefblaue Krystallwelle" in den abendlichen Himmel; der „Berg neben bildete eine scharfe Linie . . ."

Den Bildparallelen stehen die Bildbeschreibungen, die eine „intakte Welt" darstellen, zur Seite:

> Die Holländischen Maler sind mir lieber, als die Italiänischen, sie sind auch die einzigen faßlichen; ich kenne nur zwei Bilder, und zwar von Niederländern, die mir einen Eindruck gemacht hätten, wie das neue Testament; das Eine ist, ich weiß nicht von wem, Christus und die Jünger von Emaus. Wenn man so liest, wie die Jünger hinausgingen, es liegt gleich die ganze Natur in den Paar Worten. Es ist ein trüber, dämmernder Abend, ein einförmiger rother Streifen am Horizont, halbfinster auf der Straße, da

---

[23] H. P. Pütz, a.a.O., S. 12.

kommt ein Unbekannter zu ihnen, sie sprechen, er bricht das Brod, da erkennen sie ihn, in einfach-menschlicher Art, und die göttlich-leidenden Züge reden ihnen deutlich, und sie erschrecken, denn es ist finster geworden, und es tritt sie etwas Unbegreifliches an, aber es ist kein gespenstisches Grauen; es ist wie wenn einem ein geliebter Todter in der Dämmerung in der alten Art entgegenträte, so ist das Bild, mit dem einförmigen, bräunlichen Ton darüber, dem trüben stillen Abend. Dann ein anderes. Eine Frau sitzt in ihrer Kammer, das Gebetbuch in der Hand. Es ist sonntäglich aufgeputzt, der Sand gestreut, so heimlich rein und warm. Die Frau hat nicht zur Kirche gekonnt, und sie verrichtet die Andacht zu Haus, das Fenster ist offen, sie sitzt darnach hingewandt, und es ist als schwebten zu dem Fenster über die weite ebne Landschaft die Glockentöne von dem Dorfe herein und verhallet der Sang der nahen Gemeinde aus der Kirche her, und die Frau liest den Text nach.

Es darf hier vermerkt werden, daß die Vermutung, es handele sich bei dem erstgenannten Gemälde um ein Werk von Carel van Savoy im Darmstädter Landesmuseum, durch eine neue Büchner-Quelle bestätigt wird.[24] Alexis Muston, der in Darmstadt mit Büchner das Landesmuseum besucht hat, vermerkt in seinen Tagebuchheften: „Un Christ à Emmaüs m'a également frappé, mais je ne me souviens pas de l'auteur."[25]

Das Leid des „pauvre" Lenz kontrastiert mit dem Glanz einer Welt, die Büchner mit leuchtenden Farben am Ende der Novelle im Panorama des Gebirges noch einmal erstellte. „Eine unendliche Schönheit" der Welt tritt dem Motiv mitmenschlicher Hilfe und mitmenschlichen Vertrauens, verkörpert in Oberlin, und dem Motiv der Liebe, namentlich durch die Friederike-Gestalt bezeichnet, zur Seite.

Lenz kann seine Isolation nicht überwinden. Aber der Dichter Büchner umgreift die Antinomien des Lebens und affirmiert seine Schönheit. Der Wahnsinn des armen Lenz ist ein Einzelfall in einer Schöpfung, deren „unendliche Schönheit" Lenz preist, wenn er „sich ganz vergessen" hat. Büchner

---

[24] Karl Viëtor, „ ‚Lenz', Erzählung von Georg Büchner", *Germanisch-Romanische Monatsschrift*, XXV (1937), 15. K. Viëtor vermerkt, daß es sich bei dem erstgenannten Gemälde „vielleicht" um einen „Christus in Emaus", ein Werk von Carel van Savoy, handelt, „das sich im Landesmuseum in Darmstadt befindet", und fügt an: „B. kannte das Original sicherlich".
[25] Verf., a.a.O., 578.

nimmt beides, „Chaos" und „Gegenwelt" in seine Novelle hinein. Die in der Struktur der Novelle ausgebildeten Antinomien werden umfangen und überstiegen. In dieser Transzendierung liegt die ‚Katharsis' der Novelle. Der, nach Tieck, „leichter gewordene Blick" umgreift beides.[26]

Büchner hat in seiner Lenz-Novelle eine ‚gleichgewichtigere' Welt gestaltet, als die Forschung bisher ermittelt hat. Damit stellt sich, da *Lenz* zwischen *Dantons Tod* und *Leonce und Lena* anzusetzen ist, auch dringlicher die Frage nach der Einheit der Entwicklung im Werk Georg Büchners.

[26] Ludwig Tieck, *Schriften*, Bd. XI. Berlin 1829, S. XC.

Lenz. Woyzeck. Thiel.
Spiegelungen der Werke Georg Büchners
in Gerhart Hauptmanns Bahnwärter Thiel

Im Mai 1888 hat Gerhart Hauptmann am Grabe Büchners in Zürich einen Kranz niedergelegt. In seiner Autobiographie *Das Abenteuer meiner Jugend* schildert Hauptmann seinen ‚Kult um Büchner‘ um diese Zürcher Zeit, den er auch „in Hamburg, sowohl wie in Erkner" gepflegt hatte.[1]

> Georg Büchners Geist lebte nun mit uns, in uns, unter uns. Und wer ihn kennt, diesen wie glühende Lava aus chthonischen Tiefen emporgeschleuderten Dichtergeist, der darf sich vorstellen, daß er, bei allem Abstand seiner Einmaligkeit, ein Verwandter von uns gewesen ist. Er ward zum Heros unseres Heroons erhoben.[2]

Der „Pilgerfahrt" nach Zürich war ein Vortrag am 17. 6. 1887, kurz vor der Vollendung des *Bahnwärter Thiel,* im Berliner literarischen Verein „Durch" über das Werk Georg Büchners vorausgegangen. Werner Neuse teilt in diesem Zusammenhang mit: „Gerhart Hauptmann hat Büchners Werk früh kennen und schätzen gelernt, und aus den Protokollen des revolutionären Literaturvereins „Durch" wissen wir, daß er sogar den *Lenz* dort vorgelesen hat."[3] In einer Anmerkung ergänzt Neuse nach C. F. W. Behl: „Das Protokoll vom 17. Juni 1887 enthält folgenden Eintrag über den Vortrag Gerhart Hauptmanns über Georg Büchner: ‚Nach kurzer Angabe der wichtigsten Lebensdaten des Dichters und einem kurzen Zitat aus Gutzkows Besprechung von Büchners *Dantons Tod* in der Zeitschrift *Phönix* trägt uns G. Hauptmann einige Stellen aus Büchners Dichtungen vor, zunächst aus dem Novellenfragment *Lenz,* alsdann einige Szenen aus *Dantons Tod.*‘ "[4] (Es ist also nicht gesichert, daß Hauptmann, wie Neuse ausführt, den ganzen *Lenz* im Verein „Durch" vorgelesen hat.)

---

[1] Gerhart Hauptmann, *Sämtliche Werke,* Bd. VII. Hrsg. H.-E. Hass. Frankfurt am Main und Berlin 1962, S. 1061.
[2] A.a.O.
[3] Werner Neuse, „Hauptmanns und Rilkes *Der Apostel*", *The Germanic Review,* XVIII (1943), 200.
[4] A.a.O., S. 201 f.

Kurt Lothar Tank berichtet in seiner Hauptmann-Monographie: „In seiner Georg Büchner-Ausgabe war ein Satz des Novellen-Fragments ‚Lenz‘ unterstrichen." Tank gibt diesen Satz in folgender Weise wieder: „Ich verlange in allem Leben, Möglichkeiten des Daseins, und damit ist's gut."[5] Es handelte sich um die Büchner-Ausgabe von K. E. Franzos. *(Franzos* druckt jedoch diese Stelle in anderer Form: „Ich verlange in Allem — Leben, Möglichkeit des Daseins, und dann ist's gut; . . ."[6])

Der Eindruck eines déjà vu, der bei der Lektüre des *Bahnwärter Thiel* entsteht und dem Leser namentlich Büchners *Lenz* und *Woyzeck* in Erinnerung bringt, wird verstärkt durch einen Hinweis Hauptmanns auf diese beiden Werke Büchners:

> Das unvergleichliche Denkmal, das er nach nur dreiundzwanzig Lebensjahren hinterlassen hat, die Novelle „Lenz", das Woyzeck-Fragment hatten für mich die Bedeutung von großen Entdeckungen.[7]

Der Einfluß Büchners auf das Frühwerk Hauptmanns wurde in der Forschung vermerkt, namentlich in Verbindung mit der novellistischen Studie *Der Apostel.* Paul Landau hält im Hinblick auf den jungen Hauptmann fest: „Da knüpfte Gerhart Hauptmann in seiner Erzählung ‚Der Apostel‘ direkt an den ‚Lenz‘ an und machte dadurch seinen Stil für die moderne Bewegung fruchtbar."[8] Karl S. Guthke äußert, daß sich Hauptmann in seinem *Apostel* „wohl auf den Spuren von Büchners Lenz-Novelle" befinde.[9] Werner Neuse nimmt einen Einfluß Büchners auf den *Apostel* an: „Man dürfte wohl nicht fehlgehen, in *Lenz* die Anregungen für Gerhart Hauptmann zur Darstellung einer sich steigernden geistigen Krankheit zu erkennen. Mittelbar dürfte Hauptmann auch die stilistischen Mittel zu einem solchen Seelengemälde von Büchner übernommen haben."[10]

---

[5] *Gerhart Hauptmann in Selbstzeugnissen und Bilddokumenten,* dargestellt von Kurt Lothar Tank. Hamburg 1959, S. 8.

[6] Georg Büchner, *Sämtliche Werke und handschriftlicher Nachlaß.* Eingeleitet und hrsg. v. Karl E. Franzos. Frankfurt am Main 1879, S. 218.

[7] Gerhart Hauptmann, *Sämtliche Werke,* Bd. VII. Hrsg. H.-E. Hass. Frankfurt am Main und Berlin 1967, S. 1061.

[8] *Georg Büchners Gesammelte Schriften,* Bd. I. Hrsg. Paul Landau, Berlin 1909, S. 122.

[9] Karl S. Guthke, *Gerhart Hauptmann. Weltbild im Werk.* Göttingen 1961, S. 57.

[10] W. Neuse, a.a.O., S. 201.

Edwin H. Zeydel vermutet einen umfassenderen Einfluß Büchners auf den jungen Hauptmann:

> „I suspect that Büchner's works in general, and the fragment *Lenz* in particular, had an even more farreaching influence upon young Hauptmann than this — an influence which transcends the bounds of any work and touches the very roots of his striving as a poet."[11]

Die vorliegende Untersuchung versucht die Spiegelung des Werkes Büchners in Gerhart Hauptmanns novellistischer Studie *Bahnwärter Thiel* zu erfassen, die im Problemzusammenhang des Nachhalls Büchners in Hauptmanns Frühwerk noch kaum berücksichtigt wurde. In diesem Versuch werden zunächst Impulse erörtert, die von Büchners *Lenz* ausgehen, und dann die Spiegelung des *Woyzeck* verdeutlicht.

Dem ästhetischen Postulat im Kunstgespräch des *Lenz*, deren Kernstelle durch Unterstreichung in Hauptmanns Franzos-Text herausgehoben ist, folgt der junge Hauptmann nicht nur dem Geiste nach — schon der Titel *Bahnwärter Thiel* deutet auf einen der „Geringsten" hin — sondern bis in Einzelheiten der programmatischen Ästhetik Büchners hinein. Das „Leben" (ästhetisches Konzept auch bei Heine,[12] Gutzkow[13] and Wienbarg[14]) sucht Büchner jenseits von ‚schön' und ‚häßlich':

> Man versuche es einmal und senke sich in das Leben des Geringsten und gebe es wieder, in den Zuckungen, den Andeutungen, dem ganzen feinen, kaum bemerkten Mienenspiel . . . Man muß die Menschheit lieben, um in das eigenthümliche Wesen jedes einzudringen, es darf einem keiner zu gering, keiner zu häßlich seyn, erst dann kann man sie verstehen; das unbedeutendste Gesicht macht einen tiefern Eindruck als die bloße Empfindung des Schönen . . . (L 87).[15]

[11] Edwin H. Zeydel, „Note on Georg Büchner und Gerhart Hauptmann", *Journal of English and Germanic Philology*, XLIV (1945), 87.

[12] Vgl. Heinrich Heine, *Italien, Reise von München nach Genua*, XXXIV. *Sämtliche Werke*. Hrsg. E. Elster, Bd. III. Leipzig und Wien o. J., S. 286.

[13] Zu Karl Gutzkow: Vgl. Peter Hasubek, *Karl Gutzkows Romane „Die Ritter vom Geiste" und „Der Zauberer von Rom". Studien zur Typologie des deutschen Zeitromans im 19. Jahrhundert.* Hamburg 1964 (masch. Diss.), S. 45 ff.

[14] Vgl. Ludolf Wienbarg, *Ästhetische Feldzüge*, 5. Vorlesung. Berlin und Weimar 1964.

[15] Den Büchner-Zitaten liegt zugrunde: *Büchners Werke, Hamburger Ausgabe*, Bd. I. Zitate aus dieser Ausgabe Werner R. Lehmanns werden mit einem L, gefolgt von der Seitenangabe, belegt.

Büchner hat in *Lenz* und *Woyzeck* Mienenspiel und Gesichtsausdruck beobachtet. In diesem Zusammenhang darf es genügen anzuführen, daß das Wort ‚Gesicht' (im Singular oder Plural; auch in der Zusammensetzung *Kindergesicht*) in *Lenz* zweiundzwanzigmal erscheint. Daneben stehen häufigere Erwähnungen von ‚Zügen' (fünfmal), Haaren, Lippen, Mund, Augen (auch „der Himmel war ein dummes blaues Aug", L 94), und „Mienenspiel" und „Miene". Die Oberlin-Quelle bringt das Wort ‚Gesicht' viermal, jeweils auf Lenz bezogen („Bestreichung des Gesichtes mit Asche", L 458; „das Gesicht über und über und das Kleid hier und da mit Asche verschmiert", L 466; sein Gesicht veränderte sich vorteilhaft", L 466; „sein blasses, mit kaltem Schweiß bedecktes Gesicht", L 478). „Miene" erwähnt Oberlin dreimal (L 440; 462; 468). ‚Mienenspiel' und ‚Züge' nennt Oberlin nicht.

In *Woyzeck* zeigt Büchner Mienenspiel und Gesichtsausdruck namentlich in der Szene „Straße". Auch die Szene, in der sich Marie im Spiegel sieht, darf hierher gestellt werden (L 170 f.). Vor dem Mord sagte Marie: „Was hast du vor? Franz, du bist so blaß . . . Franz halt! Um des Himmels willen, Hü-Hülfe!" (L 428). Am Teich betrachtet Woyzeck das Gesicht der toten Marie (Was bist du so bleich, Marie? L 430), wie er in der Qual seiner Eifersucht der Lebenden prüfend ins Gesicht geblickt hatte:

> Eine Sünde, so dick und so breit. Es stinkt daß man die Engelchen zum Himmel hinaus rauche könnt! Du hast ein rothe Mund, Marie. Keine Blase drauf? (L 416)

Darstellung von Form und Ausdruck des Gesichts und Mienenspiels sind bezeichnend für die Erzählhaltung Hauptmanns in *Bahnwärter Thiel*. Die Intensität der Gesichtsbeobachtung variiert. Als Thiel die Mißhandlung von Tobias durch Lene bemerkt, deren Spuren im Gesicht des kleinen Tobias zu sehen sind, läuft nur „etwas wie ein Schatten durch seine Mienen" (S. 42).[16] Das Leid des kleinen Tobias findet Ausdruck in seinem Gesicht. „Sein Kopf bekam einen ungewöhnlichen Umfang; die brandroten Haare und das kreidige Gesicht darunter machten einen unschönen und im Verein mit der übrigen kläglichen Gestalt erbarmungswürdigen Eindruck" (S. 41); auf diesem Gesicht zeichnen sich nun die Finger Lenes „weiß in rot" ab (S. 42). Lene wird mit der Darstellung ihres Gesichts eingeführt.

---

[16] *Bahnwärter Thiel* wird nach der folgenden Ausgabe zitiert: Gerhart Hauptmann, *Sämtliche Werke*, Bd. VI. Hrsg. H.-E. Hass. Frankfurt am Main und Berlin 1963. Seitenangaben, die nicht anders gekennzeichnet sind, belegen Zitate aus dieser Ausgabe.

Sie war kaum einen halben Kopf kleiner als er und übertraf ihn
an Gliederfülle. Auch war ihr Gesicht ganz so grob geschnitten wie
das seine, nur daß ihm im Gegensatz zu dem des Wärters die
Seele abging. (S. 38)

Der Kontrast zu der Beschreibung der ersten Frau Thiels, Minna, fällt ins
Auge: „zwei Jahre blickte ihr hohlwangiges, feines Gesicht neben seinem
vom Wetter gebräunten in das uralte Gesangbuch" (S. 37). Ein Darstel-
lungsmittel der Reaktion Thiels auf den Unfall des kleinen Tobias ist die
genaue Schilderung des Gesichtsausdrucks Thiels: „. . . Sein Gesicht ist blöd
und tot" (S. 59). „Sein Gesicht nimmt eine schmutzige Blässe an" (S. 59).
Thiel erkennt seinen Jungen — „Eine Stirn, braun und blau geschlagen,
blaue Lippen, über die schwarzes Blut tröpfelt. Er ist es" (S. 59); und „mit
entsetzlich bangem Ausdruck haften seine Augen an dem Kinde" (S. 60).
Lene kommt mit dem toten Tobias im Zug zurück:

> . . . ihr Gesicht war bläulichweiß, braune Kreise lagen um ihre
> Augen.
> Thiel würdigte sie keines Blickes; sie aber erschrak beim Anblick
> ihres Mannes. Seine Wangen waren hohl, Wimpern und Barthaare
> verklebt, der Scheitel, so schien es ihr, ergrauter als bisher. Die
> Spuren vertrockneter Tränen überall auf dem Gesicht; dazu ein
> unstetes Licht in seinen Augen, davor sie ein Grauen ankam.
> (S. 64)

Der Eindruck der Außenbeleuchtung durch Beobachtung des Mienenspiels
wird durch Addition verstärkt. Das folgende Ausdruckspaar tritt hervor:
Der triebhafte Thiel ist an Lene gefesselt. Nachdem er sie zum Dienstantritt
verlassen hat, kehrt er einmal zurück — er hat sein Butterbrot vergessen —
und erlebt die Mißhandlung des kleinen Tobias. Er öffnet die Tür und
steht vor Lene. „Sie war kreidebleich vor Zorn; ihre Lippen zuckten bös-
artig; . . ." (S. 46). Thiel ist unfähig, Tobias vor seiner Frau zu verteidigen.

> Einen Augenblick schien es, als müsse er gewaltsam etwas Furcht-
> bares zurückhalten, was in ihm aufstieg; dann legte sich über die
> gespannten Mienen plötzlich das alte Phlegma, von einem ver-
> stohlenen begehrlichen Aufblitzen der Augen seltsam belebt.
> (S. 47)

Wie Woyzeck an Marie, so ist Thiel an Lene gebunden. Der Kampf in
Thiels Brust, der sich nicht dazu hindurchringen kann, „sein Heiligtum",

dem Andenken Minnas gewidmet, vor Lene zu sichern, findet Ausdruck in seinem Mienenspiel:

> Plötzlich fuhr sie herum, ohne selbst zu wissen, aus welchem Grunde, und blickte in das von Leidenschaften verzerrte, erdfarbene Gesicht ihres Mannes, der sie, halbaufgerichtet, die Hände auf der Bettkante, mit brennenden Augen anstarrte. (S. 55)

Das Glücksgefühl des kleinen Tobias, das Thiel weiterhin bewegt, sein „Heiligtum" Lene preiszugeben, ist mit realistischer Außenbeleuchtung vom Gesicht her geschildert:

> Allmählich begann das mehr und mehr strahlende Gesichtchen seinen Einfluß auf Thiel zu üben, so daß er schließlich schon um der Freude willen, welche dem Jungen der Ausflug bereitete, nicht daran denken konnte, Widerspruch zu erheben. (S. 55)

Nach dem Umfall ändert sich Lene:

> Nirgend eine Spur des früheren Trotzes. Ja, dieser kranke Mann mit dem farblosen, schweißglänzenden Gesicht regierte sie im Schlaf. (S. 66)

Im Tod ist ihr Gesicht unkenntlich geworden: „Lene lag in ihrem Blut, das Gesicht unkenntlich, mit zerschlagener Hirnschale" (S. 66)

Die angeführten Schilderungen des Mienenspiels, denen eine große Zahl weiterer zur Seite tritt, legen den Schluß nahe, daß Hauptmann Charaktere, Handlungshöhepunkte und Krisen vom Mienenspiel her erzählt. Durch dieses ,Versenken' in das „Mienenspiel" auch „des Geringsten" folgt Hauptmann aufs nachdrücklichste dem ästhetischen Postulat, das Büchner in seinem *Lenz* formuliert hat.[17]

Die Handlungsparallelen von *Lenz* und *Bahnwärter Thiel* sind offenkundig. Beide Novellen sind Studien des Wahnsinns, der nach dem Tode eines Kindes ausbricht. Thiel verstummt am Ende wie Lenz. Diese starken Konturen beider Novellen werden durch sprachliche, landschaftsfunktionale

---

[17] Einfluß Lavaters auf dieses ästhetische Postulat ist nicht auszuschließen. Eigene Kenntnisse Büchners, die Lavater betreffen, dürfen vorausgesetzt werden. Oberlin nennt Lavater in seinem Tagebuch; Büchner ergänzt dazu: „Lavater, den er längst durch Briefe kannte" (vgl. L 452 f.). Damit wäre die Physiognomie Lavaters für die Ästhetik Büchners und ihre Nachwirkung zu berücksichtigen. Ich verweise in diesem Problemzusammenhang auf die anregende Untersuchung: E. Heier, „J. C. Lavater's System of Physiognomy as a Mode of Characterization in Lermontov's Prose", mitgeteilt bei der Conference of Learned Societies, Winnipeg, Manibota, Juni 1970.

und strukturale Entsprechungen in noch engere Beziehung gebracht. Diese thematisch und formal ähnliche Erzählweise wird im folgenden nachgezeichnet.

Wie auf Lenz ein Schuldgefühl gegenüber Friederike lastet, so lastet ein Schuldgefühl auf Thiel gegenüber Minna, der er bei ihrem Tod versprochen hat, für Tobias zu sorgen: „Lenz . . . rief mit hohler, harter Stimme den Namen Friederike . . ." (L 95), und Thiel ist nach der Vorbeifahrt des Zuges erschüttert: „Eine Zeitlang hatte er so gelegen, als er mit erstickter Stimme mehrmals den Namen ‚Minna' rief". (S. 51)

„(Lenz) rettete sich in eine Gestalt, die ihm immer vor Augen schwebte . . ." (L 89). Diese Gestalt ist Friederike. Thiel flüchtet sich in sein „Wärterhäuschen", das „den Manen" Minnas gewidmet ist (S. 40); ihm wird „das Wärterhäuschen zur Kapelle" (S. 40).

Lenz, der das tote Kind, Friederike, erwecken will, „betete mit allem Jammer der Verzweiflung . . . und wühlte all seinen Willen auf einen Punkt" (L 93). Thiel ruft, nachdem der Zug Tobias überfahren hat: „Er muß, muß leben, ich sage dir, er muß, muß, leben" (S. 61).

Die Gleichklänge beider Novellen sind hörbar in Wortmotiven wie *Angst, Tränen, wühlen* und in den Darstellungsformen einer anonymen, schicksalhaften Übermacht, die beide Novellen durchziehen.

Lenz hat die Nacht in der Hütte bei dem kranken Mädchen verbracht.

> Er wühlte jetzt in sich. Er aß wenig; halbe Nächte im Gebet und fieberhaften Träumen. Ein gewaltsames Drängen, und dann erschöpft zurückgeschlagen; er lag in den heißesten Tränen . . . (L 91)

Nach dem Erlebnis des Sonnenuntergangs und der Vorbeifahrt des Zuges — diese Bilder haben Thiel erschüttert — ist der Bahnwärter erregt: „Seine Glieder flogen, der Angstschweiß drang ihm aus allen Poren, sein Puls ging unregelmäßig, sein Gesicht war naß von Tränen" (S. 51).

Lenz kam „alles so traumartig, so zuwider vor, es kam ihn die Angst an". — „Thiel fühlte ein Grauen, und je näher der Zug kam, eine umso größere Angst; Traum und Wirklichkeit verschmolzen ihm in eins" (S. 53).

Das anonyme „es", „was" und „etwas", jene numinosen Mächte, die Lenz in den Wahnsinn treiben, gestaltet Büchner in *Lenz* im Bild des Pferdes.

> Es war als ginge ihm was nach, und als müsse ihn was Entsetzliches erreichen, etwas das Menschen nicht ertragen können, als jage der Wahnsinn auf Rossen hinter ihm. (L 80)

Diese bedrängende, schicksalhafte Macht erscheint im *Bahnwärter Thiel* transponiert in die Zug- und Gleissymbolik der technischen Welt um Thiel, vgl.:

> Durch die Geleise ging ein Vibrieren und Summen, ein rhythmisches Geklirr, ein dumpfes Getöse, das, lauter und lauter werdend, zuletzt den Hufschlägen eines heranbrausenden Reitergeschwaders nicht unähnlich war. (S. 49)

Die Pferdemetapher kehrt in Hauptmanns Novelle auch im landschaftlichen Bereich wieder: „Die Blattgehänge der Birken am Bahndamm wehten und flatterten wie gespenstige Roßschweife" (S. 52). Dabei kann ein Anklang an einen Vergleich in *Lenz* gehört werden: „die Wolken wie wilde, wiehernde Rosse . . ." (L 79).

Form und Funktion der Landschaft im *Bahnwärter Thiel* entsprechen — neben einzelnen Parallelen zu *Woyzeck* — Tendenzen der Darstellung der Landschaft in Büchners *Lenz*. Bei Büchner wie bei Hauptmann gewinnt die Landschaft erhöhte Bedeutung in der Struktur der Novelle. Die Landschaft ist Spiegelung der Handlung, gewinnt ‚Eigenwelt' und hat vorausdeutende Funktion.

Die Novelle *Lenz* ist nicht nur bilateral im Sinne Arnold Hirschs im Widerspiel von Objektivität und Subjektivität.[18] Der Riß, den Lenz leidend erfährt — „die Welt, die er hatte nutzen wollen, hatte einen ungeheuren Riß" (L 97) — geht durch die ‚Eigenwelt' dieser Novelle und prägt ihr eine antinomische Struktur auf. Lenz geht in einer Welt zugrunde, die nicht nur das Chaotische, das ihn zerstört, bezeichnet ist, sondern auch durch eine „Gegenwelt", die sich in der Landschaft (hier sind besonders die Motive *Licht* und *Wasser* hervorzuheben), in mitmenschlicher Hilfe und Güte, verkörpert durch Oberlin, ausspricht, und die weiterhin bestimmt wird durch das Ereignis der Liebe (in dieser Novelle allerdings *e contrario*) durch das Friederike-Erlebnis und seine zentrale Bedeutung für Lenz, sowie durch die Einsicht in die Schönheit der Schöpfung, die Lenz selbst im Kunstgespräch formuliert.

Lenz erscheint im Steintal als Verzweifelnder, während ihn eine in sich schöne Landschaft umgibt und in kontrapunktischer Stellung zu Lenzens subjektiver Verzweiflung das Leben als einen Wert und diese Welt als bewohnbar ausweist, wobei dieser Kontrapunkt in der antinomischen Struktur

---

[18] Vgl. A. Hirsch, *Der Gattungsbegriff „Novelle"*. Berlin 1928 (= Germanische Studien, Heft 64), S. 147.

Wenn der Zug vor Thiel vorüberbraust, und der Bahnmeister sich durch dieses Bild erschüttert seiner Gebundenheit bewußt wird, dann ist diesem Vorgang ein Schwinden des Lichts vorausgegangen:

... und nun stieg die Glut langsam vom Erdboden in die Höhe, erst die Schäfte der Kiefern, weiter den größten Teil ihrer Kronen in kaltem Verwesungslichte zurücklassend ... (S. 49)

Es ist „stockdunkel" (S. 51), wenn Thiel „naß von Tränen" in „Angstschweiß" ausbricht. Durch „die Dunkelheit" dringt „ein blutiger Schein ...", der die Regentropfen in seinem Bereich in Blutstropfen verwandelte" (S. 53). Mit dem Sonnenaufgang „verblassen" auch diese „Bilder der Nacht" (S. 54) in Thiel und sind „ganz verschwunden", wenn Thiel an das Bett des kleinen Tobias tritt (S. 54).

Nach dem Unfall und Tod des kleinen Tobias wird — weithin parallel zu *Lenz* nach der dort aufgezeigten Peripetie — die Ambivalenz des Lichtes deutlich. Nach dem Unfall ist es „totenstill; schwarz und heiß ruhen die Geleise auf dem blendenden Kies" (S. 60). Thiel findet sich „dicht an der Barriere" in dem von der Sonne erhitzten Sand liegen (S. 61). Durch die Tür seines Häuschens bricht „das rote Feuer des Abends" (S. 61). „Ein kaltes Zwielicht" beleuchtet den Ort des Unfalls (S. 64). In der Dämmerung, vor dem Aufgehen des Mondes — „eine riesige, purpurglühende Kugel" — bricht Thiel zusammen (S. 65). Der Mond „hängt" „über dem Forst, durch alle Spalten und Lücken der Kronen einen matten Lichtdunst drängend, welcher die Gesichter der Dahinschreitenden leichenhaft anmalte" (S. 65). In diesem Licht wird Thiels Mord an Lene und ihrem Kind enthüllt.

Lenz versucht, seine ‚Schuld' abzuwaschen (und seine Angst zu ‚fixieren'): „... er stürzte sich in den Brunnen, die grelle Wirkung des Wassers machte ihm besser, auch hatte er eine geheime Hoffnung auf eine Krankheit ..." (L 83). Auch in *Bahnwärter Thiel* findet sich ein Brunnen: „Einige Zerstreuung vermittelte dem Wärter ein Brunnen dicht hinter seinem Häuschen" (S. 41). Auch Thiel „macht" das Wasser „besser" (nachdem er „seine verstorbene Frau gesehen" hat). „Thiel riß die Mütze vom Kopfe. Der Regen tat ihm wohl und lief vermischt mit Tränen über sein Gesicht" (S. 52). Nach dem Zugunglück fehlt Thiel wie Lenz die Erquickung des Wassers: „Seine Stirn war kalt, seine Augen trocken, sein Schlund brannte" (S. 61).

Neben Lenz auf dem Weg nach Straßburg leuchtet das Panorama einer schönen Landschaft unverrückbar auf, in strukturalem Kontrast zu dem in Wahnsinn verfallenen, teilnahmslosen Lenz. (Lenz wird bewacht; einmal gebunden. Er wird nach Straßburg gebracht. Die Parallelen zur Überführung des gefesselten Thiel in die Charité sind augenfällig.) Die strukturale Kontrapunktik einer schönen Landschaft, die dem in Leid verfallenden Lenz gegenübersteht, ist auch in Hauptmanns novellistischer Studie entwickelt.

In Thiel steigt ein dumpfer Trieb zum Mord auf:

(1) Schaum stand vor seinem Munde, seine gläsernen Pupillen bewegten sich unaufhörlich.

(2) Ein sanfter Abendhauch strich leis und nachhaltig über den Forst, und rosaflammiges Wolkengelock hing über dem westlichen Himmel.

(3) Etwa hundert Schritt hatte er so das unsichtbare Etwas verfolgt, als er anscheinend mutlos stehenblieb, und mit entsetzlicher Angst in den Mienen streckte der Mann seine Arme aus, flehend, beschwörend. Er strengte seine Augen an und beschattete sie mit der Hand, wie um noch einmal in weiter Ferne das Wesenlose zu entdecken. Schließlich sank die Hand, und der gespannte Ausdruck seines Gesichts verkehrte sich in stumpfe Ausdruckslosigkeit; er wandte sich und schleppte sich den Weg zurück, den er gekommen. (S. 62)

Zwischen die Darstellung Thiels in seiner tiefen Erregung und ,entsetzlichen Angst' (1 und 3) ist, dem Ende der Novelle *Lenz* vergleichbar, ein Bild reinster Schönheit der Landschaft (2) eingelegt.

Das vielfältige Motivgeflecht, das *Lenz* und *Bahnwärter Thiel* verbindet, verdeutlicht der nachfolgende Vergleich als Ausgangspunkt der Darstellung verschiedener Bezüge.

Lenz

. . . der Tod erschreckte ihn, ein heftiger Schmerz faßte ihn an: diese Züge, dieses stille Gesicht sollte verwesen, er warf sich nieder, er betete mit allem Jammer der Verzweiflung, wie er schwach und unglücklich sey, daß Gott ein Zeichen an ihm thue und das Kind beleben möge; dann sank er ganz in sich

Bahnwärter Thiel

Er meint sich zu erwecken; denn es wird ein Traum sein wie der gestern, sagt er sich. — Vergebens. — Mehr taumelnd als laufend erreichte er sein Häuschen. Drinnen fiel er auf die Erde, das Gesicht voran. Seine Mütze rollte in die Ecke, seine peinlich gepflegte Uhr fiel aus seiner Tasche, die Kapsel sprang, und wühlte all seinen Willen auf einen Punkt, so saß er lange starr. Dann erhob er sich und faßte die Hände des Kindes und sprach laut und fest: „Stehe auf und wandle!" Aber die Wände hallten ihm nüchtern den Ton nach, daß es zu spotten schien, und die Leiche blieb kalt. Da stürzte er halb wahnsinnig nieder, dann jagte es ihn auf, hinaus in's Gebirg. Wolken zogen rasch über den Mond; bald alles im Finstern, bald zeigten sie die nebelhaft verschwindende Landschaft im Mondschein. Er rannte auf und ab. In seiner Brust war ein Triumph-Gesang der Hölle. Der Wind klang wie ein Titanenlied, es war ihm, als könnte er eine ungeheure Faust hinauf in den Himmel ballen und Gott herbei reißen und zwischen seinen Wolken schleifen; als könnte er die Welt mit den Zähnen zermalmen und sie dem Schöpfer ins Gesicht speien; er schwur, er lästerte. So kam er auf die Höhe des Gebirges, und das ungewisse Licht dehnte sich hinunter, wo die weißen Steinmassen lagen, und der Himmel war ein dummes blaues Aug, und der Mond stand ganz lächerlich drin, einfältig. Lenz mußte laut lachen, und mit dem Lachen griff der Atheismus in ihn und faßte ihn ganz sicher und ruhig fest. Er wußte nicht mehr, was ihn vorhin so bewegt hatte, es fror ihn, er dachte, er wolle jetzt zu

das Glas zerbrach. Es war, als hielte ihn eine eiserne Faust im Nacken gepackt, so fest, daß er sich nicht bewegen konnte, so sehr er auch unter Ächzen und Stöhnen sich freizumachen suchte. Seine Stirn war kalt, seine Augen trokken, sein Schlund brannte. (S. 60 f.)

Bette gehn, und er ging kalt und unerschütterlich durch das unheimliche Dunkel — es war ihm Alles leer und hohl, er mußte laufen und ging zu Bette. (L 93 f.)

Lenz erlebt das Mißlingen seines Versuchs, das tote Kind, Friederike, zu erwecken; Thiel erfährt den Unfall seines Kindes Tobias. Beide Novellen berühren sich zunächst durch die Hoffnung, der Tod sei nicht eingetreten oder als endgültig anzunehmen; und dann durch die Erfahrung des Vergeblichen dieser Hoffnung.

Lenz „jagte es . . . auf" und „er mußte laufen und ging zu Bette". Thiel wendet sich zu seinem Häuschen, das er „mehr taumelnd als laufend" erreicht; auch hier ist die Darstellung intensiv bewegt.

Lenz fällt in seiner Erregung zu Boden. „Da stürzte er wahnsinnig nieder". Thiel bricht zusammen. „Drinnen fiel er auf die Erde, das Gesicht voran". (Auch als der Zug die Leiche seines Kindes wegführt, bricht Thiel zusammen, S. 65.)

Das Bild der „Faust" und des Zugriffs des Atheismus in *Lenz* findet eine Entsprechung bei Thiel: „Es war, als hielte ihn eine eiserne Faust im Nacken gepackt, so fest, daß er sich nicht bewegen konnte, so sehr er auch unter Ächzen und Stöhnen sich freizumachen suchte".

Lenz „fror . . . und er ging kalt und unerschütterlich durch das unheimliche Dunkel". Thiels „Stirn war kalt". Lenzens Lachen hallt in *Bahnwärter Thiel* nach:

> Es kam ihm vor, als habe er etwas ihm Wertes zu verteidigen, als versuchte jemand, sein Heiligstes anzutasten, und unwillkürlich spannten sich seine Muskeln in gelindem Krampfe während ein kurzes, herausforderndes Lachen seinen Lippen entfuhr. Vom Widerhall dieses Lachens erschreckt, blickte er auf und verlor dabei den Faden seiner Betrachtungen. Als er ihn wiedergefunden, wühlte er sich gleichsam in den alten Gegenstand. (S. 51)

Der Vorgang des erregten Lachens und des ihm folgenden Vergessens entsprechen sich in beiden Novellen.

Von hier aus eröffnet sich ein Blick auf das Wortmotiv des ‚Wühlens' in beiden Novellen. Dieses Wortmotiv, in *Lenz* vierfach taktiert — „er wühlte sich in das All hinein" (L 79); „Er wühlte jetzt in sich" (L 91); „Dann flehete er, Gott möge ein Zeichen an ihm thun, dann wühlte er in sich, fastete, lag träumend an Boden" (L 93); „. . . dann sank er ganz in sich und wühlte all seinen Willen auf einen Punkt" (L 93) — kehrt in *Bahnwärter Thiel* wieder, im Anklang an die beiden ersten *Lenz*-Stellen: „Als er ihn wiedergefunden, wühlte er sich gleichsam in den alten Gegenstand" (S. 51), und in einem Landschaftsbild: „In seinem Lichte sah man das Wühlen des Windes in den schwarzen Kronen der Kiefern" (S. 52).

Der Inbrunst, mit der Lenz „all seinen Willen auf einen Punkt" wühlt, entspricht Thiels Aufbäumen, „die rollenden Augen an die Decke geheftet, die erhobenen Hände unbewußt zur Faust ballend und mit einer Stimme, als müsse der enge Raum davon zerbersten: ‚Er muß, muß leben, ich sage dir, er muß, muß leben' " (S. 61).

Nach Lenzens mißlungenem Versuch, Friederike zu erwecken, „jagte es ihn auf, hinaus in's Gebirg". Nach Thiels forderndem Schrei, daß Tobias leben müsse, „stieß er die Tür des Häuschens von neuem auf, durch die das rote Feuer des Abends hereinbrach, und rannte mehr, als er ging, nach der Barriere zurück" (S. 61).[21]

Lenz wendet sich „in's Gebirg", Thiel „nach der Barriere zurück". Die Entsprechung von „Gebirg" und Barriere" liegt in der erhöhten Bedeutung dieser Orte in den Novellen. Die Barriere markiert die Einbruchsstelle der „technischen Welt" in Thiels Leben. In der Landschaft verfolgt Lenz jene anonyme, numinose Kraft, die dem Zugsymbol in *Bahnwärter Thiel* auch durch ihre unwiderstehliche Übermacht verbunden erscheint. Lenz wendet sich in krisenhafter Erregung der Landschaft zu.

> Er sprach, er sang, er rezitierte Stellen aus Shakespeare, er griff nach Allem, was sein Blut sonst hatte rascher fließen machen, er versuchte Alles, aber kalt, kalt. Er mußte dann hinaus ins Freie . . . (L 82 f.)

Die Vogesenlandschaft wird zum *locus amoenus* erhöht und darf im Widerspiel von Chaos und Paradies in Büchners Werk als „paradieshaft" in übergreifendem Sinn gesehen werden.

Für Lenz ist allerdings der Naturbezug nach der mißglückten Erweckung des Kindes verdorben.

> So kam er auf die Höhe des Gebirges, und das ungewisse Licht dehnte sich hinunter, wo die weißen Steinmassen lagen, und der Himmel war ein dummes blaues Aug, und der Mond stand ganz lächerlich drin, einfältig.

[21] Diesen Hinweis verdanke ich Sr. Margaret Liethen.

Nach dem Unfall des Tobias ist der Forst in *Bahnwärter Thiel* ,versteinert'.

> Es ist still ringsum geworden, totenstill; schwarz und heiß ruhen
> die Geleise auf dem blendenden Kies. Der Mittag hat die Winde
> erstickt, und regungslos, wie aus Stein, steht der Forst. (S. 60)

Die Dorfkirche von Waldbach ist für Lenz ein Ort der Ruhe. Er predigt
für die Dorfgemeinde am Sonntag und erfährt ein beglückendes Gefühl der
Beruhigung; „es war ihm, als müsse er sich auflösen, er konnte kein Ende
finden der Wollust" (L 85).

In diesen Themenkreis ist zu stellen: „Allsonntäglich saß der Bahnwärter
Thiel in der Kirche zu Neu-Zittau" (S. 37). Nicht nur das an einen regel-
mäßigen Lebensablauf Gebundene klingt an, sondern auch der religiöse
Halt im Leben Thiels. Nach Minnas Tod bemerken die Leute, daß Thiel
„noch eifriger der Predigt lauschte oder sang, als er es früher getan hatte"
(S. 37). Thiel liest wie Lenz (und Marie in *Woyzeck*) in der Bibel. Im
geistig-mystischen Verkehr mit Minna wird ihm sein „Wärterhäuschen zur
Kapelle". „Gesangbuch und Bibel" liegen „aufgeschlagen" auf dem Tisch,
auf dem Thiel „eine verblichene Photographie der Verstorbenen" wie eine
Ikone vor sich gerückt hat (S. 40). Lenz erscheint bei der Kirche seine tote
Mutter:

> Am folgenden Morgen kam er herunter, er erzählte Oberlin ganz
> ruhig, wie ihm die Nacht seine Mutter erschienen sei; sie sei in
> einem weißen Kleid aus der dunkeln Kirchhofmauer hervorge-
> treten und habe eine weiße und eine rothe Rose an der Brust stek-
> ken gehabt; sie sei dann in eine Ecke gesunken, und die Rosen
> seyen langsam über sie gewachsen, sie sey gewiß todt . . . (L 85)

Minna erscheint dem Bahnwärter bei seiner Bude, der Waldkapelle.

> Einer anderen Erscheinung erinnerte er sich deutlicher. Er hatte
> seine verstorbene Frau gesehen. Sie war irgendwoher aus der Ferne
> gekommen, auf einem der Bahngeleise. Sie hatte recht kränklich
> ausgesehen, und statt der Kleider hatte sie Lumpen getragen. Sie
> war an Thiels Häuschen vorübergekommen, ohne sich darnach
> umzuschauen, und schließlich — hier wurde die Erinnerung un-
> deutlich — war sie aus irgendwelchem Grunde nur mit großer
> Mühe vorwärtsgekommen und sogar mehrmals zusammengebro-
> chen.
>
> . . .

Aber es war etwas, das sie mit sich trug, in Tücher gewickelt, etwas
Schlaffes, Blutiges, Bleiches, und die Art, mit der sie darauf nie-
derblickte, erinnerte ihn an Szenen der Vergangenheit. (S. 52 f.)

Beim Tod seines Kindes bietet Thiel die Religion keinen Halt. Lenz ergreift
„der Atheismus".

Wie „durch Lenz" führt die Erzäklperspektive durch Thiel, allerdings
weniger durchgängig als in der Novelle Büchners.[22] Aus Thiels Perspektive
ist der Fund der „Weinflasche" geschildert; die vorsichtige und der Erfahrung Thiels angemessene Beschreibung vermeidet den Begriff Sekt oder
Champagner, worum es sich wohl handelt (S. 41). Eine subjektive Erzählhaltung des Autors bestimmt jedoch weitgehend in der Wortwahl, der Meta-
phorik und insbesondere den Vergleichen die Erzählform in *Bahnwärter
Thiel*. Das Oszillieren der Erzählhaltung von der Technik der „Außenbeleuchtung" zu subjektiver Überformung wird verdeutlicht durch den Gebrauch des Begriffs „Manen" in indirekter Rede Thiels:

So erklärte er sein Wärterhäuschen und die Bahnstrecke, die er zu
besorgen hatte, insgeheim gleichsam für geheiligtes Land, welches
ausschließlich den Manen der Toten gewidmet sein sollte. (S. 40)

Mit „gleichsam" tritt der Erzähler selbst noch vermittelnd in den Erzähl-
zusammenhang ein. Auch die folgende indirekte Rede entspricht kaum der
Diktion Thiels:

Das könne nicht so weitergehen, meinte er, zudem da der Junge,
schwächlich wie er sei, eine ganz besondre Pflege benötige. Des-
wegen und ferner, weil er der Verstorbenen in die Hand gelobt,
für die Wohlfahrt des Jungen zu jeder Zeit ausgiebig Sorge zu
tragen, habe er sich zu dem Schritte entschlossen. (S. 38)

Die erlebte Rede, die Walter Höllerer in *Lenz* nachgewiesen hat, findet
sich als Erzählform in *Bahnwärter Thiel* wieder. Nach dem „Schauspiel"
des Sonnenuntergangs und der Vorüberfahrt des Zuges überkommt Thiel
„eine seltsame Unruhe", der Beruhigung folgt:

Thiel wurde ruhig, und ein stilles Wohlgefallen beschlich ihn.
Nun also an die Arbeit.
Der Spaten schnitt knirschend in das Erdreich; die nassen Schollen
fielen dumpf zurück und bröckelten auseinander. (S. 50. Kursiv
von mir)

[22] H. P. Pütz, a.a.O., S. 16.

Paul Requadt zieht von *Bahnwärter Thiel* einige kurze Parallelen zu Büchners *Woyzeck* in seiner Studie „Die Bilderwelt in Gerhart Hauptmanns *Bahnwärter Thiel*".[23] Requadt sieht „Woyzeck und Thiel" durch ihr einfaches Sprechen verbunden.[24] Wie bei Woyzeck gehört „das Militärische mit zum Bilde Thiels"[25] „Die Knöpfe seiner sauberen Sonntagsuniform waren so blank geputzt als je zuvor, seine roten Haare so wohl geölt und militärisch gescheitelt wie immer" (S. 37). Requadt nennt ferner das Motiv der Gebundenheit in ein reglementiertes Leben bei Thiel und Woyzeck.

> „Der Mensch ist hier . . . zu einer Funktion der Zeit geworden. Daher leitet sich mit Thiels Dienstverspätung die Katastrophe ein; nach dem Tode des Kindes stürzt er nieder: ‚Seine peinlich gepflegte Uhr fiel aus seiner Tasche, die Kapsel sprang, das Glas zerbrach' . . . Noch einmal rafft er sich auf, noch einmal geht die Uhr weiter. Auch in diesem Punkte ist Woyzeck wie ein Vorgänger Thiels. ‚Marie. Wer da? Bist du's Franz? Komm herein! — Woyzeck. Kann nit. Muß zum Verles.' "[26]

Woyzeck und Thiel können sich nicht aussprechen. Beide sind, nach W. Silz, „simple, not to say simple-minded, faithful, ‚kinderlieb', inarticulate, concealing profound spiritual depths beneath a usually tranquil surface; easygoing, slow to suspicion and wrath, but finally capable of murderous violence against the women who have failed them."[27]

Neben der sexuellen Gravitation Woyzecks zu Marie, und Thiels zu Lene, wird auch der Gedanke an einen Mord bei Thiel ähnlich wie bei Woyzeck ins Bewußtsein gehoben.

> WOYZECK. Ha was, was sagt ihr? Lauter, lauter! — stich, stich die Zickwolfin tot! stich, stich die Zickwolfin tot! Soll ich? Muß ich? Hör ich's da auch? — Sagt's der Wind auch? — Hör ich's immer, immer zu: stich tot, tot! (L 422)

> „Du, Minna" — seine Stimme wurde weinerlich, wie die eines kleinen Kindes. „Du, Minna, hörst du? — gib ihn wieder — ich will . . ." Er tastete in die Luft, wie um jemand festzuhalten. „Weibchen — ja — und da will ich sie . . . und da will ich sie auch

[23] *Minotaurus*. Hrsg. A. Döblin. Wiesbaden o. J., S. 102—111.
[24] A.a.O., S. 102.
[25] A.a.O., S. 105.
[26] A.a.O., S. 104.
[27] Walter Silz, *Realism and Reality*. University of North Carolina 1954, S. 146.

schlagen — braun und blau — auch schlagen — und da will ich mit dem Beil — siehst du? — Küchenbeil — mit dem Küchenbeil will ich sie schlagen, und da wird sie verrecken. Und da . . . ja mit dem Beil — Küchenbeil, ja — schwarzes Blut!" Schaum stand vor seinem Munde, seine gläsernen Pupillen bewegten sich unaufhörlich. (S. 62)

Woyzeck und Thiel sind geistig embryonale Menschen. Sie werden von Bildern angesprochen und bewegt. Woyzeck wird von der „Sonn in Mittag" (L 175) und von den „Figuren" der „Schwämme auf dem Boden" (L 175) betroffen, Thiel von dem Sonnenuntergang und der Ankunft und Vorbeifahrt des Zuges.[28] Diese Bilder machen Thiel seine Lage bewußt. Es ist deshalb bezeichnend, daß Thiel als erstes Wort nach seinem erschütternden Erlebnis des vorbeirasenden Zuges „Minna" flüstert (S. 50).

Es liegt nahe, an das Märchen der Großmutter in *Woyzeck* zu denken, den Integrationspunkt der *Woyzeck*-Tragödie. Woyzeck hat das Märchen gehört. Er könnte sich selbst als das Kind im Märchen verstehen. Aus dieser seiner eigenen Erfahrung heraus ruft er nach Marie.

> GROSSMUTTER. Es war einmal ein arm Kind und hat kei Vater und kei Mutter, war Alles todt und war Niemand mehr auf der Welt. Alles todt, und es is hingangen und hat greint Tag und Nacht. Und weil auf der Erd Niemand mehr war, wollt's in Himmel gehn, und der Mond guckt es so freundlich an und wie's endlich zum Mond kam, war's ein Stück faul Holz und da is es zur Sonn gangen und wie's zur Sonn kam, war's ein verreckt Sonneblum und wie's zu den Sterne kam, warens klei golde Mück, die waren angesteckt wie der Neuntödter sie auf die Schlehe steckt und wie's wieder auf die Erd wollt, war die Erd ein umgestürzter Hafen und es war ganz allein und da hat sich's hingesetzt und geweint, und da sitzt es noch und ist ganz allein.
> WOYZECK. Marie! (L 427)

Vor dem Mord an Marie geht der Mond auf „Wie ein blutig Eisen". Auch vor dem Mord an Lene geht der Mond auf: „Wie eine riesige purpurglühende Kugel lag der Mond zwischen den Kiefernschäften am Waldesgrund" (S. 65). Thiels Mordtat geschieht, während „die Mondkugel" (S. 66) am Himmel steht.

---

[28] Vgl. Fritz Martini, *Das Wagnis der Sprache.* Stuttgart ³1958, S. 56—98.

Der Tod des kleinen Tobias und Lenes erscheint vorausgedeutet in Blut-metaphern in Verbindung mit dem Licht des Zuges.

> Zwei rote, runde Lichter durchdrangen wie die Glotzaugen eines riesigen Ungetüms die Dunkelheit. Ein blutiger Schein ging vor ihnen her, der die Regentropfen in seinem Bereich in Blutstropfen verwandelte. Es war, als fiele ein Blutregen vom Himmel. (S. 53)

Die im Werk Büchners stark ausgeprägte Tendenz zu Kontrastierungen äußert sich im häufigen Nebeneinander von Temperaturextremen in *Lenz* und noch ausgeprägter in diesem Problemzusammenhang in *Woyzeck*, z. B.

> (Lenz) lag in den heißesten Thränen, und dann bekam er plötzlich eine Stärke, und erhob sich kalt und gleichgültig, seine Thränen waren ihm dann wie Eis, er mußte lachen. (L 91)
> WOYZECK. Herr Hauptmann, die Erd ist höllenheiß, mir eis-kalt! eiskalt, die Hölle ist kalt, wollen wir wetten. (L 420)

Kontrasttechnik ist auch für die Temperaturdarstellung Hauptmanns in *Bahnwärter Thiel* bezeichnend. Temperaturwechsel bestimmen die Lebens-form Thiels. (Vgl. dazu: Der Hilfswärter ist „ein infolge des bei seinem Dienst unumgänglichen schnellen Temperaturwechsels schwindsüchtig ge-wordener Mensch", S. 248) Die „Ströme von Purpur", „die Glut" der Sonne, die die Geleise „glühen" macht, kontrastieren mit „kaltem Verwe-sungslichte" (S. 49). In die Nähe der Verstärkung „Backofenglut" ist der, den Eindruck des Kalten vermittelnde Vergleich „wie schneeweißer Schaum" gerückt (S. 50).

Lenz „fror" nach dem Versuch, das tote Mädchen zu erwecken und ging „kalt und unerschütterlich durch das unheimliche Dunkel" (L 94). Thiels „Stirn war kalt, seine Augen trocken, sein Schlund brannte" (S. 61).

Fund und Verlust der ‚Schaumweinflasche' werden von Temperatur-kontrasten begleitet.

> An einem heißen Sommertage hatte Thiel bei seiner Streckenrevi-sion eine verkorkte Weinflasche gefunden, die sich glühendheiß an-faßte und deren Inhalt deshalb von ihm für sehr gut gehalten wur-de, weil er nach Entfernung des Korkes einer Fontäne gleich heraus-quoll, also augenscheinlich gegoren war. Diese Flasche, von Thiel in den seichten Rand eines Waldsees gelegt, um abzukühlen, war von dort auf irgendwelche Weise abhanden gekommen, so daß er noch nach Jahren ihren Verlust bedauern mußte. (S. 41)

Die erste Temperaturbeobachtung, nachdem Thiel verspürt: „Da fiel etwas in sein Hirn wie Tropfen heißen Siegellacks", (S. 63) ist, dazu kontrastierend: „Ein kaltes Zwielicht lag über der Gegend" (S. 64). Der letzte Temperaturkontrast — „(Lene) legte Handtücher in eiskaltes Brunnenwasser und erneuerte sie, sobald die brennende Stirn des Bewußtlosen sie durchhitzt hatte" (S. 66) — berührt sich mit der Wassermotivik, die insbesondere in *Lenz* ausgebildet ist, wie Hellmuth Himmel sie nachgewiesen hat.[29]

Hauptmanns *Bahnwärter Thiel* darf nicht in der Wirkungsgeschichte Büchners übersehen werden. Diese novellistische Studie ist ein Zeugnis der „selbständigen Büchner-Nachfolge" des jungen Hauptmann, von der Requadt spricht, der schöpferischen umgestaltenden Aufnahme des Werkes Büchners, zu dem sich der junge Hauptmann als literarischem Vorbild bekannt hat.

---

[29] Hellmuth Himmel, *Geschichte der deutschen Novelle.* Bern 1963, S. 154 f.

Landschaft: Chaos und Paradies

Am Ende des *Hessischen Landboten* richtet Büchner einen Aufruf an das Volk, das sich ein immanentes Paradies gewinnen kann: „Deutschland ist jetzt ein Leichenfeld, bald wird es ein Paradies sein . . . erhebet euch".[1] Büchners Aufruf richtet sich gegen „vielleicht 10 000" jener „Presser", die das „Paradies" zur *„Einöde"* machen.

Dieser Aufruf zur Revolution wird in *Dantons Tod* wieder in der Rede St. Justs am Ende des II. Aktes hörbar, in der die Hinrichtung Dantons und seiner Freunde gefordert wird: Nur noch „einige hundert Leichen" — und die ‚verjüngte' Menschheit wird „aus dem Blutkessel wie die Erde aus den Wellen der Sündfluth mit urkräftigen Gliedern sich erheben, als wäre sie zum Erstenmale geschaffen".

Dieses Revolutionsdenken *par force* wird jedoch in *Dantons Tod* stark relativiert, wenn nicht ad absurdum geführt. Danton, der Heros der Revolution, ist zu ihrem „Hamlet" geworden. „Fehler" und „Riß" in der Schöpfung enthüllen sich Danton als unüberwindbar: „Die Welt ist das Chaos. Das Nichts ist der zu gebärende Weltgott." Der Revolutionär Robespierre verbreitet im Namen revolutionärer Tugend Schrecken und vergrößert das Leid in einer Schöpfung, die von Leid zerrissen ist; bei ihm, dem Protagonisten der Französischen Revolution, erscheinen die Begriffe „Tugend" und „Schrecken" leitmotivisch verbunden. Danton sieht ein: „Wir haben nicht die Revolution, sondern die Revolution hat uns gemacht". Die Revolution ist fragwürdig geworden. Danton entscheidet sich, „Ruhe" zu stiften. Er ist es, der „das Wort E r b a r m e n" spricht und der folgert „ich will lieber guillotinirt werden als guillotiniren lassen".

Danton bewahrt seine Haltung des Mitleids — kontrapunktisch zu dem Leid, das die Schöpfung signiert und das von der Revolution nur verdeutlicht wird — bis in den Tod. Dantons Haltung des Mitleids angesichts des

---

[1] Den Zitaten aus *Dantons Tod, Leonce und Lena* und *Woyzeck* liegt zugrunde: *Büchners Werke, Hamburger Ausgabe*, Bd. I. Die weiteren Büchner-Zitate folgen *Georg Büchner, Werke und Briefe*. Hrsg. Fritz Bergemann. Wiesbaden 1962. — Dieser Essay stützt sich auf meine Dissertation *Acedia und Landschaft in den Dramen Georg Büchners*. München 1958.

Leides der Schöpfung begründet in diesem redereichen, polyphonen und handlungsarmen Drama ein inneres Kontinuum: Danton bewährt bis zum Tode und in seinem Tod — das Drama heißt auch mit Nachdruck *Dantons Tod* — eine ‚antirevolutionäre‘ Haltung des Mitleids.

Parallel zu dem Charakter des Chaotischen dieser Welt, wie es Danton und seine Freunde erkennen, ist die Landschaft in *Dantons Tod* noch in einem Zustand geschildert, der an ein Wort in *Leonce und Lena* erinnert: „Es war vor Erschaffung der Welt —“. Die Landschaft ist in *Dantons Tod* noch weitgehend Ausdruck der Innenwelt der Personen, die wiederum als ‚Zeugen der Absurdität‘ von dem Chaotischen der Schöpfung betroffen sind. Die Landschaft ist noch schweifend, wogend und konturlos unverfestigt, traumhaft dargestellt und von Phantasien durchzogen. Aus den aufschwellenden Gesichten und Lichtvisionen läßt sich keine silhouettierte Landschaft ersehen. Erd- und Himmelsbilder mit dem Charakter des Fließenden, „der Äther mit seinen Goldaugen“ wie die sinkende Sonne bestimmen diese Landschaft als wogend bewegt. Die Stadtlandschaft von Paris wird nicht greifbar, der *genius loci* schimmert nicht auf. Eine Lokalisierung und beschreibende Darstellung ist kaum möglich. Ein paar Bäume können gedacht werden, eine Pfütze wird genannt, es bildet sich die Vorstellung einer erhebungslosen Fläche, auf die ‚die Himmelsdecke‘ lastet. Danton geht einmal in „Freies Feld“, aber auch hier ist eine Beschreibung landschaftlicher Natur nicht gegeben.

An die Stelle einer konturierten, farbenreichen Umwelt tritt eine ins Tote unheimlich und albtraumhaft verwandelte Welt. Die Guillotine, der „Katheder“ und „Waschzauber“ Robespierres, verwandelt Paris in ein Blutbad. Der Todesschatten der Guillotine liegt über der Stadt; „die Gleichheit schwingt ihre Sichel“. Von ihrem Gerüst fließt „die Lava der Revolution“. Paris wird zu einem Bild des ‚Weltzustandes überhaupt‘. Dem Einblick in diesen Weltzustand und der ihm folgenden Lähmung und Sinnerblindung Dantons entsprechen die verwischten Umrisse, der gestaltlose Aufbau und das albtraumartig Quälende der Landschaft. In die Erstorbenheit und Verwesung der Welt geht die Verwesung des eigenen Leibs Dantons ein. Danton ist zumute ‚als röche er schon‘. Wie die Umwelt sieht Danton sich selbst mit Bildern des Todes.

Die Verwandlung von Paris in eine Schlachtbank stellt eine sichtbare „Wunde“ der ‚faulenden‘ Schöpfung dar. Im Schlagschatten der Revolution atmet auch die Erde Bedrohung aus. Ein Gegenstück zu der Traumvision Dantons — Danton schwebt in Angst, vom Erdball in einen Abgrund geschleudert zu werden — bildet das Gespräch zwischen dem Ersten und Zweiten Herrn in der Promenadeszene. Die Erde droht unter dem Schritt eines Spaziergängers sich zu öffnen und ihr Opfer in unermeßlicher Leere zu verschlingen. Das Thema des Gesprächs ist nur vordergründig das Theater; die ganze Welt ist die bizarre Bühne, auf der sich die Tragödie der Menschheit abspielt.

> ZWEITER HERR. Haben Sie das neue Stück gesehen? Ein babylonischer Thurm! Ein Gewirr von Gewölben, Treppchen, Gängen und das Alles so leicht und kühn in die Luft gesprengt. Man schwindelt bey jedem Tritt. Ein bizarrer Kopf. *Er bleibt verlegen stehn.*
>
> . . .
>
> Ja, die Erde ist eine dünne Kruste, ich meine immer ich könnte durchfallen, wo so ein Loch ist.
> Man muß mit Vorsicht auftreten, man könnte durchbrechen.
> Aber gehn Sie in's Theater, ich rath' es Ihnen.

Dieser Rat ist von tragischer Ironie. Im „Theater" sind die Gestalten in *Dantons Tod* bereits, denn was für das Theater gilt, in dem man „bey jedem Tritt" schwindelt, gilt auch für diese Welt. Der *Magister ludi* ist ein „bizarrer Kopf". Dem Bild der unermeßlichen Erde entspricht der sich in die Höhe verlierende babylonische Turm — beide machen schwindeln. Im ganzen läßt sich aus diesem Gespräch festhalten: Was für das Theater gilt, gilt auch für diese Welt.

Der symptomatische Verlust der Landschaft gilt nicht nur für Danton und seine Freunde. Auch Robespierre tritt einmal an den Rand der Selbstbesinnung und wird sich der hinter seiner „Tugend" liegenden Motive, zumindest dem des Blutrauschs, bewußt: „Ich mag so viel Lappen darum wickeln als ich will, das Blut schlägt immer durch. — *Nach einer Pause.* Ich weiß nicht, was in mir das Andere belügt." Eine neue Perspektive eröffnet sich ihm; auch er ein Opfer in der von Leid signierten Schöpfung, unerlöst wie alle, ringend im „Gethsemanegarten" dieser Welt „im blutigen Schweiß". Robespierre verschließt sich dieser ihm von Danton eröffneten Einsicht. Deshalb muß Danton fallen.

Am Ende des I. Akts steht ein Wort Robespierres an beonter Stelle, denn die Aktschlüsse in *Dantons Tod* sind epiphorisch akzentuiert: „Sie gehen Alle von mir — es ist Alles wüst und leer — ich bin allein." Das Vokabular des Chaos aus dem 1. Buch Mosis im Munde Robespierres, des „Messias", enthüllt, daß die Revolution Robespierres das Chaos der Schöpfung nicht verdrängt, sondern aufzeigt.

Eine Parallele zu Bert Brechts „Gesang des Soldaten der roten Armee" liegt nahe:

Oft wurde nachts der Himmel rot
Sie hielten's für das Rot der Früh.
Dann war es Brand, doch auch das Frührot kam
Die Freiheit, Kinder, die kam nie . . .

. . .

Und mit dem Leib, von Regen hart
Und mit dem Herz, versehrt von Eis
Und mit den blutbefleckten leeren Händen
So kommen wir grinsend in euer Paradeis.

In der Szene EIN ZIMMER, die dem Gespräch zwischen dem Ersten und Zweiten Herrn folgt, wird noch einmal über Theater gesprochen. Die Kunstlehre, die Büchner in diese Diskussion einfügt, führt über die Thematik des Chaos hinaus. Das Gespräch zwischen Camille und Danton nimmt bereits das ästhetische Postulat voraus, das Büchner im Kunstgespräch in *Lenz* formuliert hat; auch der Brief an die Familie vom 28. Juli 1835 gehört in diesen Zusammenhang. Büchners Ästhetik impliziert eine Apologie der Schöpfung, das sie nicht nur den Blick auf das ‚Schöne' richtet, sondern „schön" und „häßlich" transzendiert und alles in den Kreis der Kunst aufnimmt, ‚was Leben hat'. Lenz („Er hatte sich ganz vergessen") spricht von der ‚unendlichen Schönheit' der Welt. Camille sagt zu Danton, wobei er die ‚idealistisch' ausgerichteten „schlechten Copisten" der „Wirklichkeit" ablehnt: „Von der Schöpfung, die glühend, brausend und leuchtend, um und in ihnen, sich jeden Augenblick neu gebiert, hören und sehen sie nichts." Danton verurteilt aber auch den realistischen Maler David, „der im September die Gemordeten, wie sie aus der Force auf die Gasse geworfen wurden, kaltblütig zeichnete und sagte: ich erhasche die letzten Zuckungen des Lebens in dießen Bösewichtern." Damit deutet Danton auf das Motiv des Mitleids hin, das namentlich als Kontrapunkt zu dem Motiv des Leides in *Dantons Tod* ausgestaltet ist.

Nach dem Crescendo des chorischen Schreis Dantons und seiner Freunde vor der Fahrt zur Guillotine wird noch einmal das Chaos genannt, und zwar in einem Oxymoron, das an die Oxymora „du süßes Grab" und „Du liebe Wiege" auch inhaltlich denken läßt: „Die Welt ist das Chaos. Das

Nichts ist der zu gebärende Weltgott." Tod und Sinn erscheinen in einer Affinität wie Liebe und Tod in Dantons Wort zu Julie: „du süßes Grab" und Luciles „Du liebe Wiege", in dem die Guillotine, das Instrument des Todes, als „Wiege", Zeichen der Geburt, gesehen wird; auch Dantons Wort „Die Guillotine ist der beste Arzt" stellt sich in diesen Zusammenhang. Der Tod erscheint nicht sinnlos. In einem Akt der freien Entscheidung, den Tod anzunehmen und die Summe des Leides zu verringern, geht Danton (um auch ein Wort des sterbenden Dichters in diesen Zusammenhang einzubeziehen) „zu Gott" ein.

Danton tritt dem Numen nicht in der Haltung der Anklage, sondern des Mitleids gegenüber. Das „Nichtsein" hat sich in das Dasein pervertiert, „die Schöpfung ist seine Wunde". Aber das Numen leidet mit seiner Schöpfung; dafür möge insbesondere das Wort Dantons zeugen, das er im Luxembourg beim Anblick des gestirnten Himmels spricht: „Wie schimmernde Thränen sind die Sterne durch die Nacht gesprengt, es muß ein großer Jammer in dem Aug seyn, von dem sie abträufelten." Es ist auch auffällig, daß den verzweifelten Worten der Freunde vor der Fahrt zur Guillotine nur die Form einer Frage gegeben ist. Anaphorisch ist überdies die Form der Frage betont: „Sind die häßlichen Töne . . .?"; „Sind wir die Ferkel, die man für fürstliche Tafeln mit Ruthen todtpeitscht . . .?"; „Sind wir Kinder, die in den glühenden Molochsarmen die er Welt gebraten und mit Lichtstrahlen gekitzelt werden . . .?"; „Ist denn der Äther mit seinen Goldaugen eine Schüssel mit Goldkarpfen . . .?" Büchner kleidet auch in seinem Brief an die Braut vom Frühjahr 1834 das thematisch hier anklingende Bild des Perillusstiers in die Form einer Frage: „Wären wir das Opfer im glühenden Bauch des Perillusstiers . . .?" Danton bewährt seine Haltung des Mitleids, die Gott und Menschen umgreift, in seinem Tod. Bei der Umarmung Dantons und seiner Freunde vor ihrem Tod leuchtet, wie zur Bestätigung dieser Haltung, zum ersten Mal ein schönes landschaftliches Bild auf: *„Sie umarmen einander. HERAULT nimmt Camilles Arm. Freue dich,* Camille, wir bekommen eine schöne Nacht. Die Wolken hängen am stillen Abendhimmel wie ein ausglühender Olymp mit verbleichenden, versinkenden Göttergestalten. *Sie gehen ab."* Dem Henker sagt Danton voraus: „Willst du grausamer seyn als der Tod? Kannst du verhindern, daß unsere Köpfe sich auf dem Boden des Korbes küssen?" Ein Ausdruck der Liebe übersteigt den Tod, so wie am Ende des Dramas eine Stimme vernehmbar bleibt, die das Gelächter der Henker und „das ewige Orgellied" übertönt, die Stimme Luciles, die ausruft: „Es lebe der König!" — als Ausdruck des

Mitleids wie des Protests gegen alles, was Leben zerstört. Auch Lucile entscheidet sich, den Karussellgang des Lebens nicht weiter mitzumachen. Sie nimmt das Gesetz des ‚Guillotiniertwerden' oder ‚Guillotinierenlassens' nicht mehr an. Wie Danton entscheidet sie zu sterben, um den Kreislauf der Sinnlosigkeit, wenigstens personal, zu überwinden. Im Augenblick dieser Entscheidung bejaht sie sich als Person in einem Akt der Freiheit.

Das Lustspiel *Leonce und Lena*, das Büchner Goethes Verleger Cotta bei einem Preisausschreiben — zu spät — zugesandt hatte, wird weithin in der Forschung zwischen Interpretationsarbeit an *Dantons Tod* und *Woyzeck* mitaufgewaschen.

Hans Mayer kennzeichnet das Stück als im Grunde „unentwirrbar".[2] Die Apologie — ja die Apotheose — der Welt aus dem Kunstgespräch in *Lenz* sieht Mayer hier verraten. Die „unendliche Schönheit" der Schöpfung, von der Büchners Lenz spricht, und die ihn zu dem ästhetischen Postulat einer Kunst führt, die alles, ‚was Leben hat', in ihre Form aufnimmt, ist für Mayer in seiner marxistischen Sicht von Büchner in *Leonce und Lena* verlassen worden.

Aber doch nur scheinbar verraten, ist zu erwidern, denn dieses Lustspiel bezeugt im Geist, wenn vielleicht nicht immer dem Buchstaben nach, die „Kunstlehre seines Schöpfers".

Die Analyse der Landschaft bietet einen Zugang zu *Leonce und Lena* und erhellt die Bedeutung dieses Lustspiels im Gesamtwerk Büchners, in dem ihm eine zentrale Stellung zukommt.

Leonce ist von jenem paroxysme du désespoir betroffen, der auch Danton gelähmt hat. Der Lustspiel-„Held" Leonce ist ein schwermütiger Prinz von reflektierter Passivität. Lena trifft den Nagel auf den Kopf, wenn sie den Grund von Leonces Spielerei und seinem sinnlosen Zeitvertreib, nennt: „Es kommt mir ein entsetzlicher Gedanke, ich glaube es gibt Menschen, die unglücklich sind, unheilbar, blos weil sie s i n d."

Dieses ‚sein' erleidet Leonce; wie Danton weiß er um die letzten Dinge; Einsicht in die Brüchigkeit und Disharmonie der Schöpfung hat auch ihn betroffen: „Warum muß ich es gerade wissen? Warum kann ich mir nicht wichtig werden und der armen Puppe einen Frack anziehen und einen Regenschirm in die Hand geben, daß sie sehr nützlich und sehr moralisch würde? — Der Mann, der eben von mir ging, ich beneidete ihn, ich hätte ihn aus Neid prügeln mögen. O, wer einmal jemand Anders sein könnte!

[2] Vgl. „Romantisch-ironisches Zwischenspiel (Leonce und Lena)" in *Georg Büchner und seine Zeit*. Wiesbaden 1959.

Nur 'ne Minute lang . . . Wenn ich nur etwas unter der Sonne wüßte, was mich noch könnte laufen machen." Das Wissen Leonces um den Zustand der Welt verschmilzt mit seinem Wissen um das eigene Ich und bedingt die Hoffnungslosigkeit, die seinen Willen lähmt und die Entwicklungslosigkeit, in die er sich verstrickt: „Was die Leute nicht Alles aus Langeweile treiben! Sie studiren aus Langeweile, sie beten aus Langeweile, sie verlieben, verheirathen und vermehren sich aus Langeweile und sterben endlich an der Langeweile und — und das ist der Humor davon — Alles mit den wichtigsten Gesichtern, ohne zu merken warum, und meinen Gott weiß was dabei. Alle diese Helden, diese Genies, diese Dummköpfe, diese Heiligen, diese Sünder, diese Familienväter sind im Grunde nichts als raffinirte Müßiggänger." Leonce variiert das Thema der Einsicht und des Wissens und seiner Folgen: „Meine Herren, meine Herren, wißt ihr auch, was Caligula und Nero waren? Ich weiß es. — Komm, Leonce, halte mir einen Monolog, ich will zuhören. Mein Leben gähnt mich an, wie ein großer weißer Bogen Papier, den ich vollschreiben soll, aber ich bringe keinen Buchstaben heraus . . . Ich stülpe mich jeden Tag vier und zwanzigmal herum, wie einen Handschuh. O, ich kenne mich, ich weiß was ich in einer Viertelstunde, was ich in acht Tagen, was ich in einem Jahr denken und träumen werde. Gott, was habe ich denn verbrochen, daß du mich, wie einen Schulbuben, meine Lection so oft hersagen läßt?" Leonces Leben ist ihm ein „schleichend Fieber". Für Danton bedeutet allein das Ende eines Lebens dieser Art Hoffnung. Leonce ‚flieht‘ wie Danton, aber nicht in den Tod, sondern „in das Paradies".

Zunächst nistet sich der von seiner Umwelt separierte Leonce mit seinem Wissen in seinem „Garten" ein. Er verschließt sich allem Tun und jedem Einfluß der vorgegebenen Welt und reflektiert im Zeitvertreib in seiner Ich-Welt die Erfahrung einer sinnleeren Schöpfung. Schroff bleibt er von der Welt jenseits seines Gartens abgesondert und kreist, da die Dinge in eine mit Schemen bevölkerte Ferne gerückt sind, sein Leben mit Reflexionen der Langeweile ein. Wie zur Bestätigung seiner vorgefaßten Folgerung, daß sich die Langeweile nicht vertreiben läßt, wiederholt er ständig Versuche, sie zu vertreiben und betrachtet sie aber von vornherein als gescheitert; *aufspringend"* ruft er: „Komm, Valerio, wir müssen was treiben, was treiben! Wir wollen uns mit tiefen Gedanken abgeben; wir wollen untersuchen, wie es kommt, daß der Stuhl auf drei Beinen steht und nicht auf zwei, daß man sich die Nase mit Hülfe der Hände putzt und nicht wie die Fliegen mit den Füßen. Komm, wir wollen Ameisen zergliedern, Staubfäden zählen; ich werde es doch noch zu irgend einer fürstlichen Liebhaberei bringen." Danton erklärt: „Muthe mir nur nichts Ernsthaftes zu"; Leonce verfällt auf Zeitvertreib: „Ich habe alle Hände voll zu thun, ich weiß mir vor Arbeit nicht zu helfen. Sehen Sie, erst habe ich auf den Stein hier drei- hundert fünf und sechzig Mal hintereinander zu spucken . . . Dann — sehen Sie diese Hand voll Sand? — *er nimmt Sand auf, wirft ihn in die Höhe und fängt ihn mit dem Rücken der Hand wieder auf* — jetzt werf' ich sie in die Höhe. Wollen wir wetten? Wieviel Körnchen hab' ich jetzt auf dem Handrücken? Grad oder ungrad? Leonce fühlt die ‚Zeitlosigkeit', der er preisgegeben ist. Dieser ‚Zeitlosigkeit' möchte er — „O Shandy, alter Shan- dy, wer mir deine Uhr schenkte!" — Abschnitte einprägen, um wenigstens die Sinnlosigkeit gewissermaßen zu ordnen und zu messen.

Leonce gelingt der Schritt in die Zeit bei solchen Voraussetzungen nicht. Innerhalb des engen und mit einem Vakuum verglichenen Raums, in dem er eingeschlossen ist, bleibt er wie gelähmt. Im Gegensatz zu Valerios Be- merkung, die Welt sei doch ein recht „weitläufiges Gebäude", gesteht er Leonce ein: „Nicht doch! Nicht doch! Ich wage kaum die Hände auszu- strecken, wie in einem Spiegelzimmer, aus Furcht überall anzustoßen . . ." Der Ausdruck des Gefühls der Beengung ist in einem anderen Bild noch gesteigert: „Ich sitze wie unter einer Luftpumpe". Nicht einmal im Rausch erlebt er eine Veränderung, er bleibt sich immer gleichbewußt: „In welcher Bouteille steckt denn der Wein, an dem ich mich heute betrinken soll? Bringe ich es nicht einmal mehr so weit?" Wie Danton ist Leonce kein Vergessen geschenkt. Um eine einzige Veränderung wahrzunehmen und eine Zäsur im Ablauf seines Lebens zu verspüren, möchte er — „Nur 'ne Minute lang" — einmal „jemand Anders sein". Er möchte einmal aus sich heraustreten und sich „einmal auf den Kopf" sehen — eins von ‚seinen Idealen'. Auch aus der langweilenden „Liebe" zu Rosetta ist die „Zeit" herausgenommen. Leonce fragt Rosetta: „Wenn ich dich nun noch fünftausend Jahre und sieben Monate liebe, ist's genug?" Auf Rosettas furchtsames Wort: „die Zeit kann uns das Lieben nehmen" wirft Leonce ein: „Oder das Lieben uns die Zeit." Wie stark die Affinität von Liebe und Zeit in diesem Lustspiel durchgestaltet ist, zeigt die Begegnung Leonces mit Lena. Erst in dieser Liebesbegegnung ergibt sich Zeit.

Leonces Separation von Raum und Zeit drängt ihn in eine Traumwelt. Nach einem Wort P. Landaus ist Leonce „der souveräne Fürst seiner Träu- me".[3] Die Welt entfernt sich vor ihm, und an ihre Stelle tritt der konturen-

[3] *Georg Büchners Gesammelte Schriften*, Bd. I. Hrsg. Paul Landau. Berlin 1909, S. 124.

lösende Traum. Leonce nennt sich selbst einen Traum. Er spricht „träumend", „träumend vor sich hin"; er sagt „Ich glaube an Träume". In einem Wachtraum ersteht das Bild Italiens. Die Rosetta-Szene ist in träumerisches Licht getaucht; eine artifizielle Landschaft gibt den Rahmen ab: „Stellt die Lampen unter Krystallglocken zwischen die Oleander, daß sie wie Mädchenaugen unter den Wimpern der Blätter hervorträumen". Leonce spricht, über Rosetta gebeugt, wie in einem Traum. Im Umkreis des Ereignisses seiner Liebe zu Lena erwacht Leonce aus dem Traum zur Verträumtheit; noch einmal, am Ende des Lustspiels, findet sich eine Erhöhung des Traums. Der Wunschtraum Leonces, sein Bild Italiens, wird mit märchenhaften Zügen, die diesem Lustspiel angemessen sind, greifbare Wirklichkeit.

Die vielfachen Bestrebungen Leonces, ,etwas zu tun', gehen nicht nur auf seine Bemühung zurück, die Langeweile zu vertreiben. Sie sind Suche nach Sinn, Versuche, seine Sinnerblindung zu überwinden und aus seiner Separation auszubrechen. Die Frage nach sinnvoller Erfahrung spitzt sich zu; was verspricht Rettung? Leonce ruft aus: „O Gott! Die Hälfte meines Lebens soll ein Gebet sein, wenn mir nur ein Strohhalm beschert wird, auf dem ich reite, wie auf einem farbenprächtigen Roß, bis ich selbst auf dem Stroh liege." In Leonce ist der Wunsch zu entrinnen hellwach. Das Lokale und Geistige, Landschaft und Kunst, locken ihn nach Italien. Sein Befreiungsversuch in einer ästhetisch bestimmten Lebensform beginnt ekstatisch: „Ah, Valerio, Valerio, jetzt hab' ich's! Fühlst du nicht das Wehen aus Süden? Fühlst du nicht, wie der tiefblaue, glühende Aether auf und ab wogt, wie das Licht blitzt von dem goldnen, sonnigen Boden, von der heiligen Salzfluth und von den Marmor-Säulen und Leibern? . . . Wir gehen nach Italien."

Die Verfolgung dieses Wunschtraums gibt Leonce auf, als er Lena begegnet. Er hält in seinem schweifenden Wandern beim Anblick Lenas inne und tritt mit ihr in die Beziehung eines Dialogs, der sich, nach einer Vorstufe mühsamen Tastens, zuerst noch unsicher und dann mit starker Ausdruckskraft vollzieht.

Die Begegnung von Leonce und Lena wird landschaftlich vorbereitet. Die Vorahnung dieses Ereignisses wirft ihre Schatten an den Himmel. „Welch unheimlicher Abend! Da unten ist Alles still, und da oben wechseln und ziehen die Wolken, und der Sonnenschein geht und kommt wieder. Sieh, was seltsame Gestalten sich dort jagen! Sieh die langen weißen Schatten mit den entsetzlich magern Beinen und Fledermausschwingen und Alles so rasch, so wirr und da unten rührt sich kein Blatt, kein Halm. Die Erde hat sich ängstlich zusammengeschmiegt, wie ein Kind und über ihre Wiege schreiten die Gespenster." Die Verwandlung der Landschaft, die hier beginnt, begleitet mit starken Farben die Liebesbegegnung von Leonce und Lena. Im Umkreis dieser Begegnung wird die Nacht „balsamisch wie die erste, die auf das Paradies herabsank". Schwer und zart sprechen Leonce und Lena zusammen, aber noch nicht zueinander. Ihre liebende Umarmung, in der Todeshauch und Schwermut verwehen, wird begleitet von einer Landschaft, die sich vom „Chaos" zum „Paradies" durchringt.

Angerührt von der Liebe zu Lena fällt Leonce das Urteil ‚ich werde'. „Gott sei Dank, daß ich anfange, mit der Melancholie niederzukommen. Die Luft ist nicht mehr so hell und kalt, der Himmel senkt sich glühend dicht um mich und schwere Tropfen fallen . . . Welch Gähren in der Tiefe, welch Werden in mir, wie sich die Stimme durch den Raum gießt . . ." Noch einmal wird der Tod genannt. Leonce ruft sich zu, in dem Augenblick, in dem sich die Zuwandlung der Dinge in der Wandlung seines Ich vollzieht: „Zu viel! zu viel! Mein ganzes Sein ist in dem einen Augenblick. Jetzt stirb. Mehr ist unmöglich. Wie frischathmend, schönheitsglänzend ringt die Schöpfung sich aus dem Chaos mir entgegen. Die Erde ist eine Schale von dunkelm Gold, wie schäumt das Licht in ihr und fluthet über ihren Rand und hellauf perlen daraus die Sterne . . . dieser eine Tropfen Seligkeit macht mich zu einem köstlichen Gefäß. Hinab heiliger Becher! *Er will sich in den Fluß stürzen.*" Leonce rückt in die Zeit („ Mein ganzes Sein ist in dem einen Augenblick").

Ein neuer Mensch existiert. Todesluft und Langeweile sind wie weggeblasen. In der Liebe ‚wird' Leonce; die Lähmung des Willens, der Schmerz der Langeweile, die Entwicklungs- und Hoffnungslosigkeit zerrinnen. In der Erfahrung der Existenz in der Liebe überwindet Leonce den Schmerz seiner „Präexistenz" und erfährt sich im „Vorstoß zu einem Du".[4] Der Mensch existiert nicht notwendig, d. h. ohne weiteres schon damit, daß er da ist. Kann er Mensch sein, ohne „du" gesagt zu haben? Das Du ist die dem Menschen übergebene Welt, und im Blick auf das Du ‚wird' Leonce. Daß diese Integration greifbar dauert, spricht sich im Wort Leonces zu Valerio aus: „Weißt du auch, Valerio, daß selbst der Geringste unter den Menschen so groß ist, daß das Leben noch viel zu kurz ist, um ihn lieben zu können?"

Schon im Kunstgespräch in *Lenz* ist das Wort von dem „Geringsten" in grundlegender Weise in das ästhetische Postulat eingebettet, das Lenz for-

[4] Mario Carlo Abutille, *Angst und Zynismus bei Georg Büchner*. Bern 1969, S. 80.

muliert: „Man versuche es einmal und senke sich in das Leben des Geringsten und gebe es wieder, in den Zuckungen, den Andeutungen, dem ganzen feinen, kaum bemerkten Mienenspiel". Schimmert hier nicht, wie in Büchners Chaos- und Paradiesmetaphorik, die Sprache der Bibel durch: „Was ihr dem Geringsten meiner Brüder getan habt, das habt ihr mir getan"?

Am Ende steht, nach Leonces Wort zu Lena, „die Flucht in das Paradies". Im Schlußbild entfaltet sich die Verwirklichung des Wunschtraums Leonces — das paradieshafte Italien — als sonnige, fruchtbare, blühende und winterlose Landschaft, in der Leonce und Lena „zwischen den Rosen und Veilchen, zwischen Orangen und Lorbeeren" unter keinem anderen Gesetz als dem von Blüte und Frucht zuhause sind. Dieses Ländchen, dieser verwirklichte Wunschtraum, zeigt nicht ein „Ausweichen ins spielerisch Unverbindliche" an, sondern Leonces Heiterkeit und Lebensfülle in seiner Liebe, gefaßt in ein, dem märchenhaften Lustspiel angemessenen Bild.[5]

Wie bedroht allerdings dieses Ländchen, und wie glückszufällig die Befreiung vom Schmerz des Daseins durch die Liebe in ihm ist, hat Büchner in *Woyzeck* gezeigt.

Die für Danton und Leonce sich im Transzendieren ereignende Landschaft ist dem liebenden Woyzeck von Anfang an gegeben, aber der Naturbezug ist verdorben (man denkt an die Perversion des Naturbezugs nach dem mißglückten Versuch von Lenz, ‚Friederike' zu erwecken). Woyzeck ‚hat' Landschaft, sie erfüllt hier nicht mehr die Funktion einer sich erschließenden Welt, sondern stellt sich Woyzeck bedrohlich nah entgegen. Der Bezug zur Landschaft erhält hier den Charakter der Gefangenschaft in der Enge der Landschaft, und sie bedeutet Woyzeck Gefahr. Das Motiv der Enge, das auch in *Dantons Tod* und *Leonce und Lena* passim betont wurde, ist in Woyzeck intensiviert ausgestaltet; der Raum, in den Woyzeck eingeschlossen ist, ist seine ganze Welt. Die Beengung Woyzecks ist eher optisch greifbar, als daß sie in Traumgesichten oder visionären Bildern geschildert wird. Was Danton und Leonce reflektieren können, erlebt der unrationale Woyzeck sinnenhaft unmittelbar. Ihn bedroht, was über, auf und unter der Erde ist. Der Doktor, der Hauptmann und selbst die Menschen, die Woyzeck nahestehen, erscheinen wie eine Mauer um ihn; wohin er sich wendet, stößt er an. Er hat nur den Spielraum einer Kettenlänge, er ist gefesselt durch die Bande der Pflichterfüllung in der Kaserne, beim Doktor, dem Hauptmann, Marie und ihrem Kind. Der Himmel über ihm riegelt sein

[5] Ursula Kaiser, *Die Mechanisierung des Lebens im dichterischen Werk Georg Büchners* (masch. Diss.). Frankfurt am Main 1952, S. 104.

‚Gefängnis' ab; in diesen „groben" Himmel möchte Woyzeck „einen Klo-
ben" schlagen, nachdem er von Maries Untreue gehört hat — um sich daran
aufzuhängen. Wie Danton spricht auch Woyzeck von einem Abgrund. Dieser Abgrund ist für Woyzeck nicht der kosmische Abyssos im Traumgesicht
Dantons, sondern er ist personal. Woyzeck sieht ihn in Marie; sie ist seine
Welt.

Verzweifelt erleidet Woyzeck, was Büchner als dialektische Einheit der
These *Dantons Tod* und der Antithese *Leonce und Lena* erkannt hat: Der
Mensch kann als dialogischer Partner in der Liebe ein nur zufälliger Partner
sein, der liebt oder sich der Liebe versagt.

Die Landschaft ist in einen Schauplatz bedrohender numinoser Mächte
verwandelt. Der Wind pfeift peinigend. Der Platz, an dem Woyzeck und
Andres Stecken schneiden, „ist verflucht". Die atmosphärischen Elemente
dieser Landschaft empfindet Woyzeck als „schlimm". Aus einem „leuchtenden Streif, da über das Gras hin, wo die Schwämme so nachwachsen" sieht
ihn der Tod an. Das Bild der hohlen Erde (vgl. *Dantons Tod*, II, 2) kehrt
intensiviert wieder. Woyzeck *„stampft auf den Boden* hohl, hörst du? Alles
hohl da unten! Die Freimaurer." In der Szene FREIES FELD. DIE STADT
IN DER FERNE wird die Angst aus dem metaphysischen Bereich in den
menschlichen übertragen, wie „ein Getös herunter wie Posaunen" vom
Himmeln in das Trommeln übergeht, das Woyzeck am Ende dieser Szene
an seine Gebundenheit erinnert. Von einer anderen apokalyptischen Erschei-
nung berichtet Woyzeck dem Doktor: „Herr Doctor haben Sie schon was
von der doppelten Natur gesehn? Wenn die Sonn in Mittag steht und es ist als
ging die Welt in Feuer auf, hat schon eine fürchterliche Stimme zu mir
geredt!"

Schließlich hört Woyzeck den Auftrag zum Mord: „Immer zu, immer
zu . . ." Stimmen umdrängen ihn; der Ruf tönt ihm entgegen „stich, stich
die Zickwolfin todt". Der Wind fällt ein; „sagt's der Wind auch? Hör ich's
immer, immer zu: stich todt, todt!" Es spricht auch „aus der Wand": „Es
redt immer: stich! stich! und zieht mir zwischen den Augen wie ein Messer —"

Von der Tat, die ihm zugeraunt wird, kommt er nicht los. Jenes „es",
das auch in *Lenz* artikuliert wird, eine unerklärliche, determinierende
Macht, fühlt Woyzeck körperlich. Er denkt es sich nicht abstrakt.

WOYZECK. Marie, es war wieder was, viel, steht nicht geschrieben: und sieh da ging ein Rauch vom Land, wie der Rauch vom
Ofen?

MARIE. Mann!
WOYZECK. Es ist hinter mir gegangen bis vor die Stadt. Was soll
das werden?

Dieses „es" artikuliert sich mit apokalyptischen Schrecken. „Wenn die
Sonn in Mittag steht" hört Woyzeck „eine fürchterliche Stimme". Darauf
ist Woyzecks „fixe Idee" gerichtet, die der Doktor nicht begreift, wenn
er diagnostiziert: „Woyzeck Er hat die schönste aberratio mentalis partialis,
die zweite Species, sehr schön ausgeprägt. Woyzeck Er kriegt Zulage.
Zweite Species, fixe Idee, mit allgemein vernünftigem Zustand . . ." Dieses
„es" hat seinen rätselhaften Ursprung gemeinsam mit dem ‚Doppelten' der
Natur. Für Woyzeck ist selbstverständlich, daß die Erscheinungen der Natur vordergründig und hintergründig sind und dadurch doppelbödig. Das
Rätsel und die Gefahr bestehen darin, daß die Natur ‚doppelt' ist, denn in
dem vordergründig Sichtbaren teilt sich ein geheimnisvolles Wesen ‚dahinter' mit. Die Bedrängung durch dieses Wesen — Woyzeck fragt den Doktor:
„haben Sie schon was von der doppelten Natur gesehn?" — und der Versuch es zu enträtseln, wie unbeholfen auch immer Woyzecks Klärungs-
versuche sind, halten ihn stets auf dem Sprung; Woyzeck ist unruhig, zer-
fahren, verhetzt. Er spürt den anonymen Kräften nach, die ihn umdrängen,
und er flieht vor ihnen — zu Marie.

Schon das erste Wort der Rasierszene „Langsam, Woyzeck, langsam;
ein's nach dem andern. Er macht mir ganz schwindlich" gibt e contrario
das Thema an. Woyzeck bleibt rastlos, seine Unruhe hält an, steigert sich
bis in den Mord hinein; im Umkreis des Mordes ist sie retardiert. Unmittelbar nach dem Mord treibt es Woyzeck wieder in einen Tanz, zur Rückkehr
an die Mordstelle, immer wieder zum Versuch, das Messer tiefer und tiefer
im Teich zu verbergen. Woyzeck ist bis in seinen Tod hinein verhetzt.

Im Augenblick des ersten Verdachts der Untreue Maries, den der gut-
mütig-boshafte Hauptmann schürt, empfindet Woyzeck die ‚höllenheißen —
eiskalten' Schrecken seiner irdischen Hölle. Woyzecks Erregung wird vom
Doktor neugierig konstatiert: „Den Puls Woyzeck, den Puls, klein, hart,
hüpfend, unregelmäßig . . . Gesichtsmuskeln starr, gespannt, zuweilen
hüpfend, Haltung aufgeregt, gespannt". Woyzeck „geht mit breiten Schul-
tern ab, erst langsam dann immer schneller". Der Doktor „schießt ihm
nach".

Quälende Sinnesempfindungen treten bei Woyzeck in den Vordergrund.
„Es stinkt daß man die Engelchen zum Himmel hinaus rauche könnt." Un-

74

ter den Sinnesempfindungen, mit denen die Landschaft wahrgenommen wird, sind akustische Eindrücke besonders wichtig. Im Gespräch mit dem Hauptmann in der Rasierszene beunruhigt Woyzeck der Wind: „Schlimm, Herr Hauptmann, schlimm; Wind" antwortet er auf die Frage des Hauptmanns nach dem Wetter. In der Szene des Steckenschneidens wird das akustisch Bedrohliche, das „Getös" vom Himmel „herunter wie Posaunen", verdeutlicht durch die Augenblicke der Stille, in der die Gefahr verstärkt wahrgenommen wird. Dem Doktor vertraut Woyzeck an: „Wenn die Sonn in Mittag steht, hat schon eine fürchterliche Stimme zu mir geredet." Das Grauen Woyzecks nach dem Mord wird akustisch bedingt dargestellt: „Was hör ich? Es rührt sich was. Still. Da in der Nähe. Marie?" Es scheinen Geräusche zu sein, die auch die Erste und Zweite Person hören:

ERSTE PERSON. Uu! Da! Was ein Ton!
ZWEITE PERSON. Es ist das Wasser, es ruft, schon lang ist Niemand ertrunken. Fort! s' ist nicht gut, es zu hören!

Über der Stelle des Mordes tönt „das Summen der Käfer wie gesprungene Glocken". Diese akustischen Elemente stehen neben dem Auftrag zum Mord, den Woyzeck aus der Erde, dem Wind und „aus der Wand" hört. Auch aus der lauten Tanzmusik hört Woyzeck „erstickt" „Immer zu! — immer zu" heraus.

Die Landschaft in *Woyzeck* ist in ein feuriges Licht getaucht, in dem sich die Umrisse der Welt Woyzecks scharf abheben. In der Stimmung dieser Welt wird der Rauch, von dem Woyzeck Marie berichtet — „und sieh, da ging ein Rauch vom Land, wie der Rauch vom Ofen" — sinnlich nahegerückt; wer denkt hier übrigens nicht an das Bild vom Perillusstier? „Feuer" und „Glut" bestimmen den Tag; die Nacht bringt eine weitere Note des Bedrohlichen und Düsteren: dunstiges Nebelgrau unter einem blutroten Mond. ‚Rot' dominiert neben Grautönen. Unmittelbar vor dem Mord hören wir ein karges Gespräch:

MARIE. Was der Mond roth auf geht.
WOYZECK. Wie ein blutig Eisen.

Nach dem Mord sieht Woyzeck Marie an: „Was hast du eine rothe Schnur um den Hals?" — Über dem Teich liegt „allenthalben Nebel, grau". Dazu tritt der Farbwert des ‚Dunkeln'. Davon spricht Marie: „Es wird so dunkel . . . Es schauert mich". Zu Beginn der Mordszene äußert sie „S' ist finster".

Die Farbwerte des feurig Hellen, Roten und des Dunkeln werden zusammengebracht in der Beobachtung Woyzecks in der Jahrmarktszene: „schwarze Katze mit feurige Auge. Hey, was n' Abend".

Unter seinen Habseligkeiten findet Woyzeck „ein Heilige, zwei Herze und schön Gold". Die Farblosigkeit im Märchen der Großmutter wird unterbrochen von dem Bild der kleinen goldnen Mücken „die waren angesteckt wie der Neuntödter sie auf die Schlehen steckt". Hat nicht das Gold den Symbolwert des ewig Dauernden?

In der ganzen Tragödie lassen sich kaum wohltuende Temperaturempfindungen feststellen. Die Atmosphäre um das Mordereignis ist besonders mit quälenden Sinneserfahrungen von Hitze und Kälte durchdrungen. Schmerzliche Empfindungen durch Temperaturerfahrungen und -kontraste werden stark variiert. Als der Hauptmann Woyzeck die Untreue Maries vorhält, und der Doktor Woyzecks Puls fühlt, sagt der verzweifelnde Woyzeck: „Herr Hauptmann, die Erd ist höllenheiß, mir eiskalt! eiskalt, die Hölle ist kalt, wollen wir wetten. Unmöglich, Mensch! Mensch! unmöglich." *Heiß* und *kalt* werden in Verbindung der Untreue und dem Tod Maries zu Wortmotiven. Die „Mensche dampfe" und tanzen, darunter Marie, mit „heiße Händ". Marie ist „heiß, heiß". Hitze und Kälte werden von Woyzeck vor dem Mord kraß gegeneinander gestellt und auch sensorisch empfunden. „Friert's dich Marie? und doch bist du warm. Was du heiße Lippen hast! (heiß, heiß Hurenathem und doch möcht ich den Himmel geben sie noch einmal zu küssen) und wenn man kalt ist so friert man nicht mehr. Du wirst vom Morgenthau nicht frieren." Das Thema dieser Sinnesempfindungen wird unmitelbar nach dem Mord fortgeführt. Peinigende Farbvorstellungen mischen sich ein.

Die von Woyzeck vielfältig aufgenommene und auf ihn vielfach einwirkende Landschaft ist ‚dramatisiert', in Bewegung gesetzt und durchdynamisiert. Statische Einlagen unterbrechen die lebhaften Bewegungen in dieser aktiv präsenten Landschaft. Die statischen Kontrastelemente verdeutlichen das dahinstürzende Geschehen in der Landschaft, deren Bewegungen durch Tanzen in vier Szenen — „die Mensche dampfe, das geht" — und durch die Unrast Woyzecks selbst intensiviert wird.

In einem Augenblick angstvollen Stillhaltens wird das Bedrohliche der Landschaft gesteigert erfahren:

WOYZECK. Still! Es geht was!
ANDRES. Fraßen ab das grüne, grüne Gras

Bis auf den Rasen.
...
WOYZECK. S' ist so kurios still. Man möcht den Athem halten. Andres!
ANDRES. Was?
WOYZECK. Red was! *Starrt in die Gegend.* Andres! Wie hell! Ein Feuer fährt um den Himmel und ein Getös herunter wie Posaunen. Wie's heraufzieht! Fort. Sieh nicht hinter dich. *Reißt ihn in's Gebüsch.*
ANDRES *nach einer Pause.* Woyzeck! Hörst du's noch?
WOYZECK. Still, Alles still, als wär die Welt todt.

Diese Kontrastelemente weisen schon auf die Statik hin, die im Märchen der Großmutter „in einer endzeitlichen Situation" gestaltet ist: „Es war einmal ein arm Kind und hat kei Vater und kei Mutter war Alles todt und war Niemand mehr auf der Welt . . ."[6]

Das uns bekannte Werk Büchners bricht mit *Woyzeck* ab, aber es steht in der Einheit einer Entwicklung. Während das kosmische Chaos und die fehlerhafte Schöpfung für Danton das Handeln sinnlos gemacht hatte und Danton als „Zeuge der Absurdität" in den Tod ging, und in *Leonce und Lena* eine immanente Erlösung in der Liebe gefunden worden war, führt *Woyzeck* die Bewegung der beiden ersten Dramen fort. Die Liebe, in *Dantons Tod* in der Immanenz fast unmöglich gedacht, in *Leonce und Lena* als Erlösung im Schmerz des Geschaffenseins angenommen, wird in *Woyzeck* in ihrer tragischen Zufälligkeit zum Vorwurf der Handlung. Die Liebe, die Leonce ins Paradies zurückgebracht hatte, bleibt ein Einzelfall; sie kann glücken, sie kann fehlgehen, die Lösung, die Büchner für Leonce und Lena gefunden hatte, hält nicht stand vor dem blinden Walten der Zufälligkeit, die auf eine verrätselte Welt hindeutet.

Der erste Handwerksbursch bringt thematisch und formal diese Welt zur Sprache. Er predigt das wiedererstandene Chaos:

ERSTER HANDWERKSBURSCH *predigt auf dem Tisch.* Jedoch wenn ein Wandrer, der gelehnt steht an dem Strom der Zeit oder aber sich die göttliche Weisheit beantwortet und sich anredet: Warum ist der Mensch? Warum ist der Mensch? — Aber wahrlich ich sage euch, von was hätte der Landmann, der Weiß-

---

[6] Abutille, a.a.O., S. 134.

binder, der Schuster, der Arzt leben sollen, wenn Gott den Menschen nicht geschaffen hätte . . .

Über diese Antwort auf die Frage „Warum ist der Mensch?" führen nur die Worte des sterbenden Dichters hinaus, die paradoxerweise auf *Dantons Tod* zurückverweisen: „durch den Schmerz gehen wir zu Gott ein".

Georg Büchner und Alexis Muston

Georg Büchner erwähnt in seinem Brief aus Gießen vom 5. August 1834 „Muston" als einen Korrespondenten, dessen Briefe nach der Hausdurchsuchung durch Georgi zurückbehalten wurden, weil sie auf französisch geschrieben waren.

Ludwig Büchner notiert in einer Anmerkung zu den *Nachgelassenen Schriften:* „M u s t o n, ein französischer Flüchtling, der am Savoyer-Zuge Theil genommen hatte, sich in Darmstadt aufhielt und viel mit dem Briefsteller (G. Büchner, H. F.) correspondirte." Fritz Bergemann bringt lediglich die Register-Notiz: „Muston: frz. Flüchtling, der an Ramorinos Zug geg. Savoyen teilgenommen."

Im Vorwort zu der englischen Übersetzung einer Geschichte der Waldenser von Alexis Muston, *L'Israël des Alpes,* findet sich die folgende Bemerkung Mustons: „I obtained access to the State Paper Office of the Grand Duchy of Hesse-Darmstadt, through M. D. Thill, then minister of the interior."[1]

Nachforschungen bestätigten die Vermutung, daß Alexis Muston, der Verfasser der waldensischen Kirchengeschichte *L'Israël des Alpes,* der Korrespondent Georg Büchners war.

Jean-Baptiste Alexis Muston wurde am 11. Februar 1810 in Torre-Pellice (Piemont) als Sohn eines Pastors geboren.[2] Im Juli 1834 erwarb er, nach Studien in Lausanne, in Straßburg das theologische Doktorat mit der Dissertation *Moeurs des Vaudois,* nachdem er verschiedene Lizentiatsarbeiten über die Gemeinde der Waldenser vorgelegt hatte.

Muston kehrte nach Piemont zurück und wurde Pastor in dem Gebirgsdorf Rodoreti (Rodoret). Am 8. Januar 1835 wurde er von Freunden gewarnt: Seine Straßburger Thesen seien von der Zensur in Turin verworfen worden, und er solle verhaftet werden. Es gelang ihm, in der Nacht vom

---

[1] Alexis Muston, *The Israel of the Alps.* Trans. J. Montgomery. London — Glasgow — Edingburgh 1866. 2vs.

[2] Ich möchte schon an dieser Stelle Professor Marc Niël für seine großzügige Hilfe bei meinen Nachforschungen und seine aufschlußreichen Mitteilungen zum Leben und Wirken Dr. Alexis Mustons besonders danken.

8. zum 9. Januar über die verschneiten Alpen zu fliehen. Muston begab sich nach Nîmes; er wurde dann Hilfspastor in Bourdeaux (Drôme), wo er sich vermählte. Im Jahre 1840 übernahm er die Pfarrei, die er bis zu seinem Tode am 5. April 1888 innehatte.

Neben seiner pastoralen Tätigkeit, die auch das leibliche Wohl seiner Gemeinde einbeschloß, trat er namentlich als Historiker der waldensischen Kirche hervor. Er stand aber auch in freundschaftlicher Beziehung zu bedeutenden Persönlichkeiten seiner literarischen Epoche wie Alexandre Dumas, Victor Hugo, Alphonse de Lamartine, Alfred de Vigny und insbesondere George Sand, deren Enkel er taufte.

In einem französischen Familienarchiv fanden sich handgeschriebene Memoiren, die Alexis Muston nach 1870 aufgrund von Aufzeichnungen aus seinen Studentenjahren zusammengestellt hatte. In diesen Memoiren, besonders im dritten Heft mit Aufzeichnungen aus den Jahren 1833 und 1834, hat Alexis Muston seine Erinnerungen an Georg Büchner aufbewahrt.

Georg Büchner lernte den Theologiestudenten Alexis Muston während seines ersten Straßburger Aufenthaltes kennen. Beide traten in freundschaftliche Beziehungen, denn als Alexis Muston im Sommer 1833 Darmstadt aufsuchte und dort im Hause Büchners verkehrte, spricht er davon, daß er „un de mes amis (Georges Buchner)" in Darmstadt wiedersah.

Büchner erwies sich als selbstloser Freund. Eine Woche lang saß er mit Muston in den Archiven, zu denen du Thil Muston Zutritt verschafft hatte, da Muston Studien zur Geschichte der Waldenser in Deutschland trieb: „Pendant une huitaine de jours nous travaillâmes ainsi, matin et soir, au château où se trouvent les musées. Lorsque nous étions fatigués, nous allions faire une promenade dans le jardin, ou dans les galeries de tableaux." (245) Büchner besuchte mit Muston das Landesmuseum. In *Lenz* werden zwei Gemälde von Niederländern genannt: „Die Holländischen Maler sind mir lieber, als die Italiänischen, sie sind auch die einzigen faßlichen; ich kenne nur zwei Bilder, und zwar von Niederländern, die mir einen Eindruck gemacht hätten, wie das Neue Testament; das Eine ist, ich weiß nicht von wem, Christus und die Jünger von Emaus." Dazu vermerkt Karl Viëtor, daß es sich „vielleicht" um einen „Christus in Emaus", ein Werk von Carel van Savoy handelt, „das sich im Landesmuseum in Darmstadt befindet", und fügt an: „B. kannte das Original sicherlich".[3] Diese Vermutung wird bestätigt durch die Niederschrift Mustons im gleichen Abschnitt:

[3] Karl Viëtor, „ ,Lenz', Erzählung von Georg Büchner", *Germanisch-romanische Monatsschrift*, XXV (1937), 15.

„Un Christ à Emmaüs m'a également frappé, mais je ne me souviens pas de l'auteur."

Muston berichtet eine Anekdote, die einer gemeinsamen Wanderung der beiden Freunde durch den Odenwald vorausging:

> . . . je lui dus une admirable preuve de délicatesse en fait d'amitié. Ces huit jours de travail en commun avaient établi entre nous une confiante intimité; (j'avais eu du reste également des invitations dans sa famille). Quand je dus partir, je lui demandai s'il était d'usage de donner une étrenne a tous les domestiques, ou seulement a la femme de chambre. — A tous ceux dont on a reçu des services, me répondit-il. — C'est que, vois-tu, lui dis-je, en lui montrant ma bourse qui ne contenait plus que quelques *risdales*, il ne me reste que ça. — Donne-z-en une à chacun. — Et pour m'en retourner? — Tu en as bien assez pour traverser le pays de Bade. — Oui, mais d'ici là, il y a la Hesse et la Suabe. — Connais-tu la Bergstrasse? — J'en ai entendu parler, mais je ne la connais pas. — C'est la Suisse de notre pays; depuis long-temps j'y voulais retourner; ma famille y a des propriétés; nous serons là chez nous, et si tu veux nous la traverserons ensemble? — Je lui dus ainsi un charmant voyage, dont il paya les frais, sous prétexte que ça ne lui coûtait rien, et je pus quitter Darmstadt, sans laisser après moi ni dettes, ni réputation de lésinerie. (246)

In den Memoiren Mustons wird Büchner in Gesprächen über politische, soziale und religiöse Fragen zitiert. Hinweise auf Büchners Auffassung des Saint-Simonismus werden mitgeteilt. Büchners Verhältnis zu Wilhelmine erscheint verdeutlicht.

Die folgenden Ausschnitte vermitteln einen umfassenden Eindruck von Inhalt und Form der Aufzeichnungen Mustons über Büchner:

> Chemin faisant il me raconte son histoire, passionné en tout: pour l'étude, pour l'amitié, dans ses admirations et ses antipathies: idolâtre de la révolution française, contempteur de Napoléon, aspirant de tout son être à l'unité de la famille allemande; s'étant épris d'une sorte d'adoration mystique pour une fille perdue, qu'il rêvait de relever au niveau des anges; coeur d'or en tout; fort instruit; assez gai, même aimable, one ne pouvait s'ennuyer avec lui. (249)

Repartis de bonne heure; causé St. Simonisme, rénovation sociale et religieuse, république universelle, états-unis de l'Europe, et autres utopies, dont quelques-unes peut-être deviendront des réalités. — L'homme crée le monde à son image: c'est à dire que chacun le rêve à sa guise, et le modifie selon ses idées; mais ce travail ne se fait qu'en idée; pour qu'il s'en réalise quelque chose, il faut que quelque chose de ces idées se propage parmi les hommes, afin que tous (ou du moins plupart) en viennent à désirer la même modification. (252)

Je doute qu'on put voir une plus belle tête que la sienne; Goethe n'avait pas un front aussi beau. Sa bouche fine, sardonique, caressante passionnée, était faite aussi bien pour l'éloquence, que pour l'esprit et les baisers. — Pauvre cher Georges! mourir si jeune, et sans avoir été aimé comme il eût mérité de l'être! (253)

In Numer 278 vermerkt Muston: „Une agréable surprise, en rentrant à Strasbourg fut pour moi d'y trouver Buchner qui était venu y passer quelques semaines." Muston war im Frühjahr 1834 aus Paris (wo er Victor Hugo, Alexandre Dumas, Alfred de Vigny, Alphonse de Lamartine, Hector Berlioz, Sainte-Beuve u. a. kennenlernte) nach Straßburg zurückgekehrt. In Abschnitt 279 schildert Muston ein Erlebnis mit Büchner in dieser Zeit:

Pendant un violent orage Buchner me dit: veux-tu que nous montions au münster? — Et, sitôt dit que fait; nous voilà dans ce campanile féerique, sous la voûte des huit piliers, où la grêle entrait par trois ouvertures, se croisant au milieu, avec des coups de vent formidables, qui faisaient frémir les colonnettes comme des cordes de harpe et étaient parfois des sifflements aigus entre les barres de fer, qui relient entre elles toutes les parties de cette broderie de pierre. — Puis nous montons dans la flèche, et jusqu'à la lanterne où des nappes de lumière et des ailes de feu, semblaient nous envelopper soudain ou nous effleurer en passant, à chaque éclair qui embrasait le ciel. — Que tu es heureux de n'avoir pas le vertige, me disait-il en me voyant marcher sur le faîte des colonnettes rapprochées, qui bordent d'une crête élégante comme des hirondelles, et pendant quelques nuits je rêvai que je volais comme elles autour du grand clocher.

Anzumerken ist weiterhin, daß Muston ein Skizzenheft mit sich führte. Er hat einmal Büchner in einer Reiseskizze im Felsenmeer („la mer des roches") im Odenwald gezeichnet. Büchner wird auf einem Stein sitzend dargestellt. Eine kleine Porträtstudie mit der Überschrift „Buchner" ist in die rechte obere Ecke dieser Zeichnung eingefügt.

Auf einem anderen Blatt mit mehreren Porträtstudien verstärkt ein Hinweis auf „Frankenstein", das Muston mit Büchner besuchte, den Eindruck, daß es sich bei einer Skizze um eine Darstellung Büchners handelt.

Eine dritte Zeichnung hat Muston einem Brief eingefügt und mit der Bezeichnung „Georges Buchner" versehen. Nur die Zeichnung ist erhalten; sie wurde aus dem Brief ausgeschnitten. Der Brief selbst ging verloren. Im Brieftext ist noch ein Teil des Namens Büchners zu lesen.

Marginalien

I

Rudolf Majut hat in seinen *Studien um Büchner* das Verhältnis Georg Büchners zum italienischen Theater untersucht.[1] Allein schon im Hinblick auf Büchners verlorenes Drama „Pietro Aretino" kommt dieser Frage besondere Bedeutung zu.

Es ist in diesem Zusammenhang aufschlußreich, daß der Büchner eng verbundene Pastor Friedrich Ludwig Weidig mit der folgenden Doktorarbeit an der Universität in Gießen promovierte: „Sophoclis Electra et Antigona cum Oreste et Antigona Victorii Alferii comparatione critica conjunctae". Die unveröffentlichte Dissertation ist verloren gegangen.[2]

Es läßt sich kaum daran zweifeln, daß Büchner bei seinen häufigen Besuchen im Hause Weidigs in Butzbach mit Dr. Weidig über Alfieri und das italienische Theater gesprochen hat. Schon Gymnasialdirektor C. Dilthey hat Büchners Interesse am Italienischen in seinem Reifezeugnis bestätigt: „Das Studium der italienischen Sprache hat er mit glücklichem Erfolg in der letzten Zeit betrieben". Vertieftes Interesse Büchners an italienischer Sprache und Literatur dürfte auf diese Gespräche zurückgehen. Dadurch fällt neues Licht auf die „Vorrede", die Büchner *Leonce und Lena* vorangestellt hat:

> Alfieri: „E la Fama?"
> Gozzi: „E la Fame?"

Was Gozzi betrifft, ist dieses Motto bisher ungeklärt geblieben. Majut erörtert die Möglichkeit, daß Büchner die Wortfolge „e la fama" in Alfieris Drama *Antonio e Cleopatra* gesehen haben könnte, und wirft — neben einigen anderen Möglichkeiten, die er ins Auge faßt — die Frage auf, ob Büchner vielleicht auf Alfieri und Gozzi „gebracht" wurde „im Gespräch

---

[1] Rudolf Majut, „Büchner und das italienische Theater" in *Studien um Büchner*. Berlin 1932 (= Germanische Studien, Heft 132).

[2] Dr. Erwin Schmidt, Bibliotheksoberrat der Universitätsbibliothek Gießen, teilte mir freundlicherweise mit, daß Friedrich Ludwig Weidig am 23. Dezember 1822 sein Rigorosum bestanden und am 23. Januar 1823 das Doktorat erhalten hat.

über italienische Literatur", was nach Majut naheliegt im Hinblick auf „Büchners Umgang mit zahlreichen weitgebildeten und geistvollen Leuten".[3]

Diese Möglichkeit hat nun eine biografisch gesicherte Grundlage gefunden durch Büchners Verbindung mit F. L. Weidig, der seine Doktorarbeit über *Alfieri* geschrieben hat.

II

Am 31. Juli 1834 denunzierte Konrad Kuhl aus Butzbach die Mitglieder der Gießener *Gesellschaft der Menschenrechte* Karl von Minnigerode, Jakob Friedrich Schütz und Karl Zeuner; er informierte die Hessische Regierung, daß sie Exemplare des *Hessischen Landboten* vom Drucker in Offenbach holen sollten.

Auf Kuhls Denunziation hin wurde Karl von Minnigerode am 1. August verhaftet, als er mit über hundert Exemplaren des *Hessischen Landboten* in Gießen ankam. Büchner, der sah, daß Minnigerode in Arrest geführt wurde, eilte sofort nach Offenbach, um Schütz zu warnen, der ebenfalls auf dem Weg nach Gießen war. Es gelang Büchner, Schütz vor der Verhaftung zu bewahren. Büchners idyllische Beschreibung seiner Reise nach Offenbach im Brief vom 3. August 1834 sollte lediglich seinen Eltern Sand in die Augen streuen.

Karl von Minnigerode (1814—94), von dem Universitäts- und Untersuchngsrichter Konrad Georgi gefoltert wie Friedrich Ludwig Weidig, hat keinen seiner Mitverschwörer verraten. Er wurde im Mai 1837 entlassen, da er haftunfähig geworden war. 1839 wurde das Verfahren gegen ihn eingestellt. Man hatte der Familie Karl von Minnigerodes zur Auflage gemacht, daß er nach Nordamerika abgeschoben werden sollte. Dort schloß er sich der Episkopalischen Kirche an und wurde Rektor von St. Paul in Richmond, Virginia. Als Freund von Jefferson Davis genoß er hohe Achtung und wurde als „Beichtvater der Sezession" bekannt.

Im Alter veröffentlichte Minnigerode einen Band Predigten, *Sermons* (Richmond: Woodhouse & Parham, 1880). Einige dieser Predigten erinnern an seine Studenten- und Gefängnisjahre in Hessen. Vor dem Auge des Lesers steigen Bilder der Vorgänge auf, die Minnigerodes politisches Engagement bedingt hatten:

---

[3] Majut, a.a.O., S. 27 f.

I have seen the monarch, glorying in his regal pride and courtiers
bowing lowly, and nations taxed for his pleasure.[4]

Minnigerode spricht von den plötzlichen Verhaftungen, die auch Büchner
immer wieder in seinen Briefen erwähnt:

I have visited the family circle, and seen the peaceful fireside,
and the children like olive branches wreathed around the table.
I looked again, and there was the vacant chair, that told the
story of the stifled sob and those weeping eyes.[5]

Eigene Gefängniserfahrungen werden in Minnigerodes Predigt „The
Bread of Life" lebendig:

His bed mouldering straw; no comfort near, no human aid; his
frame shaking under that racking cough, and humanity enduring
its last extremities.[6]

III

Am 2. November 1835 schrieb Büchner seinen Eltern:

Über die Art, wie Minnigerode mißhandelt wird, ist im *Temps* ein
Artikel erschienen. Er scheint mir von Darmstadt aus geschrieben;
man muß wahrhaftig weit gehen, um einmal klagen zu dürfen.
Meine unglücklichen Freunde!

Büchner dürfte sich auf folgenden Bericht in *Le Temps* beziehen:

Mayence, 14 Octobre.
Découverte d'une conspiration dans la Hesse ducale.

Grâces aux mesures paternelles de la diète germanique nos
journaux ne doivent plus, vous le savez bien, nous entretenir des
chasses continuelles qu'on fait ici aux révolutionnaires, ni du zèle
infatigable qui pousse les gouvernements à peupler les prisons,
de manière que dans beaucoup d'endroits on commence à ne plus
savoir où trouver la place nécessaire pour loger les victimes. Nous
avions coutume de recourir aux journaux étrangers pour ap-
prendre ce qui se passe chez nous; mais depuis quelque temps nous
nous voyons même privé de cet avantage. Au milieu du tourbillon
des événements, on nous oublie; on laisse passer inaperçus une

---

[4] Minnigerode, a.a.O., S. 7.
[5] A.a.O., S. 8.
[6] A.a.O., S. 73.

foule de faits qui exercent toutefois une si funeste influence sur nos moeurs et sur notre caractère politique. Il importerait à la cause des peuples, que des événements, qui se passent ici dans l'ombre, trouvassent ailleurs un retentissement salutaire. Voilà ce qui me décide à vous communiquer quelques-uns. Quoiqu'ils ne tirent pas leur intérêt de l'actualité mais de leur importance propre, je pense qu'il vaut mieux les faire connaître un peu tard, que de les laisser inconnus.

La rougeur me monte au visage en vous donnant les détails suivants sur les arrestations récentes et les procédés indignes dont le gouvernement de Darmstadt se rend coupable à l'égard des personnes impliquées dans une prétendue conspiration révolutionnaire. Il semble que la police ait voulu, en cette occasion, se servir d'affidés au-dessus de la classe ordinaire; du moins la personne qui a mis au jour l'existence d'une société secrète et patriotique, est une demoiselle noble, sinon une noble demoiselle, qu'on soupçonne assez unanimement de s'entendre avec MM. les mouchards du grand-duché de Darmstadt. Mademoiselle de G... (Grolmann, H. F.) était devenue pour un jeune homme l'objet de tendres sentiments qu'elle ne partagea point. Elle se garda toutefois d'éteindre le feu de cet amour naissant. Elle lui laissa même entrevoir de temps à autre un rayon d'espérance et finit par l'exalter jusqu'au délire. Alors elle exigea, pour prix de sa possession, un acte immoral, une bassesse: la dénonciation de tout ce qui concerne les membres, les projets et les moyens de la société secrète.

L'insensé jeune homme donna le piège; il se présenta spontanément devant l'autorité et révéla ce qu'on voulait savoir. On procéda immédiatement à son arrestation comme à celle de toutes les personnes compromises, au nombre de vingt-deux, dont dix-huit se sont enfuies et ont heureusement franchi la frontière de France. Sept pasteurs, quatre avocats et deux dames, — l'une est la soeur du traître, — et plusieurs hommes respectables se trouvent dans le nombre de dénoncés. Le jeune homme en question avait déjà été, quelques temps auparavant, incarcéré comme suspect d'appartenir à la même société. Pendant l'instruction il avait fait beaucoup d'aveux. La chaleur d'âme d'un homme ferme et résolu, qui avait su trouver des moyens pour lui parler dans sa prison, le détermina à rétracter ses dépositions, et, faute de preuves, il fut mis en liberté, lui ainsi que les autres détenus.

Nous regrettons infiniment le sort de ceux qui n'ont pu malheureusement se soustraire aux satellites du pouvoir; on n'épargne à leurs complices ni les insultes, ni les mauvais traitements. L'un d'eux, jeune homme qui n'a pas encore atteint sa vingtième année, brave la stupidité féroce de ses soi-disant juges, qui ont poussé l'infamie jusqu'à le faire bâtonner dans sa prison. L'autre est le pasteur W. (Weidig, H. F.), homme respectable sous tous les rapports. Recteur de l'école dans la petite ville de Poutzbach, il avait éveillé le soupçon et la haine du gouvernement par sa popularité; on l'arracha donc du milieu de ses concitoyens qui faisaient de vaines tentatives auprès du consistoire pour le conserver parmi eux. Il fut transféré dans une des parties les plus désertes du Vogelsgebirge,[7] afin d'y exercer les foncions de pasteur. Maintenant ce digne prêtre doit être témoin des souffrances de son jeune compagnon d' infortune. Cette nouvelle impudence du pouvoir absolu, excite une indignation générale, et prouve combien à cette heure les gouvernements s'efforcent peu de cacher leurs principes russes.[8]

[7] Ober-Gleen bei Alsfeld.
[8] *Le Temps. Journal des Progrès*, Correspondance Privée, 24 Octobre 1835, 34103 f.
Bei Drucklegung erscheint die — im Hinblick auf das wachsende Interesse der Forschung an Büchner auch außerhalb des Rahmens der Germanistik — ursprgl. englische Fassung der vorliegenden Marginalien in *Revue de Littérature comparée*.

Anmerkungen zu Georg Büchners Briefen

Die meisten der uns bekannten fünfeinhalb Dutzend Briefe und Brieffragmente Büchners sind nicht in ihrer ursprünglichen Form überliefert. Das Gros der Originale ist in den fünfziger Jahren des vergangenen Jahrhunderts bei einem Brand im Büchner-Haus in Darmstadt ein Opfer der Flammen geworden. Andere Briefe, die sich noch in den Händen der Braut Büchners, Wilhelmine Jaeglé, befanden, wurden von ihr mit größter Wahrscheinlichkeit vernichtet, zusammen mit Büchners Tagebuch und — möglicherweise — dem Manuskript des letzten Dramas Georg Büchners, „Pietro Aretino". Es ist, als wären die verzehrenden Flammen des Perillusstiers, von dem Büchner in einem seiner Gießener Briefe spricht, nicht gesättigt gewesen . . .

Fritz Bergemann will Minna Jaeglé nicht die Schuld am Verschwinden des „Pietro Aretino" anlasten; die Frage nach dem Verbleib anderer Schriften im Besitz Minnas streift er nur flüchtig. Für ihn ist Minnas — schroffe — Antwort auf die Anfrage von Karl Emil Franzos, der eine Gesamtausgabe der Werke und Briefe ihres Bräutigams vorbereitete, „letztentscheidend". Darin bestreitet sie, ein abgeschlossenes Werk Büchners zu besitzen. Sie räumt allerdings ein, daß sie, neben Papieren, die, wie sie schreibt, „nur mich persönlich" angehen — also wohl Briefen und u. U. Büchners Tagebuch — auch „unvollständige Auszüge und unvollendete Notizen" in Händen habe.

Demgebenüber ist festzuhalten, daß Büchner ihr einige Wochen vor seinem Tod mitgeteilt hat, er werde „in längstens acht Tagen Leonce und Lena *mit noch zwei anderen Dramen* erscheinen lassen".[1] Der Abschluß des

---

[1] Die Briefe Büchners werden aufgrund von Quellenvergleichen zitiert. Herangezogen wurden neben Briefmanuskripten:
Karl Gutzkow, „Georg Büchner", *Frankfurter Telegraph,* Juni 1837.
Karl Gutzkow, „Georg Büchner" in *Götter, Helden, Don-Quixote. Abstimmungen zur Beurtheilung der literarischen Epoche.* Hamburg 1838.
Georg Büchner, *Nachgelassene Schriften.* Hrsg. Ludwig Büchner. Frankfurt am Main 1850.
Georg Büchner, *Sämtliche Werke und handschriftlicher Nachlaß. Erste kritische Gesamtausgabe.* Eingeleitet und hrsg. von Karl Emil Franzos. Frankfurt am Main 1879.
Georg Büchner, *Sämtliche Werke und Briefe.* Hrsg. Fritz Bergemann. Leipzig 1922.
Jean Strohl, *Lorenz Oken und Georg Büchner. Zwei Gestalten aus der Übergangszeit von Naturphilosophie zu Naturwissenschaft.* Zürich 1936.
Georg Büchner, *Werke und Briefe.* Hrsg. Fritz Bergemann. Frankfurt am Main ⁹1962.
Die Briefzitate wurden mit der nach Abschluß des Manuskripts erschienenen Briefausgabe im 2. Bd. der *Hamburger Büchner-Ausgabe* von Werner R. Lehmann verglichen.

Woyzeck und „Pietro Aretino" stand demnach unmittelbar bevor. Caroline Schulz spricht in ihren ‚Aufzeichnungen über Büchners letzte Tage' von einem Tagebuch, das „reiche Geistesschätze" enthielt. Darin habe sie zusammen mit Wilhelmine gelesen.

Mag auch Wilhelmine Jaeglés Feststellung über Manuskripte in ihrer Hand: „teils sind es solche, die nur mich persönlich angehen; teils sind es unvollständige Auszüge und unvollendete Notizen" so gelesen werden, Wilhelmine habe über keine anderen als bereits mitgeteilte vollständige Texte verfügt — gleichwohl befand sich *Leonce und Lena* in ihrer Hand, so daß bei allem Wohlwollen der Text ihres Briefes an Franzos nicht unbesehen als „letztentscheidend" gelesen werden darf. Nun müßte aber alle Evidenz erwogen werden, einschließlich der für das Schicksal der Manuskripte und Briefe folgenreichen Tatsache, daß Wilhelmine sich mit der Familie Büchner nach dem Erscheinen der *Nachgelassenen Schriften* überworfen hatte, und weiterhin wohl auch eine Bemerkung eines Freundes Büchners: Alexis Muston: „Pauvre cher Georges! mourir si jeune, et sans avoir été aimé comme il eût mérité de l'être!"[2]

Im Hinblick auf den Verlust der Schriften in Wilhelmines Hand ist es ein Glücksfall, daß Ludwig Büchner — wenn auch ein wenig nachlässig und mit Rücksicht auf die Interessen der Familie edierend — die meisten der uns erhaltenen Brieftexte in den *Nachgelassenen Schriften* seines Bruders 1850 in Frankfurt am Main herausgab. Ludwig Büchners Ausgabe hat uns jedoch, wie es den Anschein hat, wegen eines folgenden Zerwürfnisses Wilhelmines mit der Familie Büchner der Chance beraubt, die anderen Texte in Minnas Hand kennenzulernen. Nach Georg Büchners Tod im Jahre 1837 bereitete Karl Gutzkow eine Ausgabe der Werke und Briefe seines verstorbenen Freundes vor, sah sich aber als Journalist und ‚Jungdeutscher' im Urteil des Vaters Büchner als *persona non grata*. Da Gutzkow die Unterstützung der Familie Büchner fehlte, veröffentlichte er lediglich die Briefe, die Büchner an ihn selbst gerichtet hatte (soweit er sie „wiederfinden" konnte). Er teilte diese Briefe zum größten Teil in seinem Nachruf im *Frankfurter Telegraph* im Juni 1837 mit und ergänzte seine Veröffentlichungen in dem Essay „Georg Büchner", der ein Jahr später erschien. Gutzkow hatte allerdings die Unterstützung der Braut Büchners gefunden, die ihm für seine beabsichtigte Ausgabe neben Abschriften von *Leonce und Lena* und *Lenz* auch Kopien von Briefen Büchners übersandte, und zwar in einer Auswahl und Redaktion, die offenkundig, in durchaus verständlicher Weise, darauf zielte,

[2] Verf. a.a.O., 579.

daß der Schritt der Korrespondenten an die Öffentlichkeit nicht nachteilig wirkte. Gutzkow sah keinen Grund, diese Abschriften Ludwig Büchner vorzuenthalten, der sie zusammen mit den Briefen an die Familie und Gutzkow in den *Nachgelassenen Schriften* veröffentlichte. Der Familie Büchner verweigerte jedoch Wilhelmine Jaeglé ihre weitere Unterstützung.

Ludwig Büchner umreißt seine kargen editorischen Absichten in seinem Vorwort: „In den B r i e f a u s z ü g e n wurde beinahe nur das gegeben, was zur Kenntniß der politischen Bewegungen jener Zeit und des Antheils, den Büchner daran hatte, wichtig erschien."[3]

Nach dieser ersten Ausgabe sind — Wilhelmine starb 1880 ohne Weiteres beigetragen zu haben — nur noch wenige Briefe Büchners ans Licht gekommen. Am 7. Juni 1918 teilte Heinrich Hubert Houben in der *Frankfurter Zeitung* einen neuen Büchner-Brief mit. Es handelte sich um einen Brief, den Büchner an seinen Verleger Sauerländer gerichtet hatte und der das Manuskript von *Dantons Tod* begleitete. Im *Inselschiff* 4, Leipzig 1923, druckte Erich Ebstein einen wiedergefundenen Brief an Karl Gutzkow, datiert „Straßburg, Januar 1836", ab. Jean Strohl entdeckte die Briefe an Eugen Boeckel und die Brüder Stoeber. Strohl machte diese Briefe in seiner Monographie *Lorenz Oken und Georg Büchner. Zwei Gestalten aus der Übergangszeit von Naturphilosophie zu Naturwissenschaft*, Zürich 1936, zugänglich. Büchners Brief an Bürgermeister Heß in Zürich wurde zuerst von Fritz Bergemann in seiner Ausgabe der Werke und Briefe Büchners im Inselverlag im Jahre 1940 gedruckt. Dieser Brief ist nicht im Original erhalten. Eine Kopie befindet sich in der Mappe aus dem Besitz des Bürgermeisters Heß, „Correspondenz betr. die Umtriebe der deutschen Flüchtlinge und Handwerker". Diese Mappe enthält Akten aus der Zeit vom Mai bis zum Oktober 1836 und diente dem Bürgermeister zur Information. Nach Heß' Tod im Jahre 1857 gelangte dieses Dossier vermutlich in die Hand Ludwig Büchners. Es ist jetzt im Besitz von Ludwig Saeng in Darmstadt. Schließlich hat Frieder Lorenz den Brief an Ludwig Büchner in *Maske und Kothurn*, X (1964), 536 ff. abgedruckt.

Die Briefe Georg Büchners erschienen Karl Gutzkow „vor allem wichtig", „zart" und „tief" und „voll künstlerischen und poetischen Wertes."[4] Gutz-

---

[3] S. 49 f.
[4] S. Gutzkow's Nachruf im *Frankfurter Telegraph*. Juni 1837.

kow erkannte die Bedeutung der Briefe Büchners, die als Dokumentationen seiner politischen Anschauungen und seiner Ästhetik aufschlußreich sind; sie spiegeln Inzeption und Reifen von *Dantons Tod* und begleiten das literarische Schaffen Büchners bis zu einer Nachricht, kurz vor seinem Tode aufgezeichnet, die wir auf „Pietro Aretino" beziehen dürfen. Sie bergen eindringliche Analysen der politischen und literarischen Szene, auf der Büchner mitagierte, seine wachsende Enttäuschung mit ihren Tendenzen, und die Darstellung seines *taedium vitae,* das Büchner mit seinem starken Gefühl der *compassio* zu überwinden vermochte. — Unter den Briefen findet sich einer, der darlegt, wie der Einundzwanzigjährige einen Verleger ansprach, den er nicht kannte und von dem er sich die Rettung vor Verhaftung, ja vor einem ihm ‚gewissen Tod' erbitten mußte, da er sich durch den Verkauf des Manuskripts von *Dantons Tod* die Mittel zur Flucht beschaffen wollte. In einem vergleichbaren Brief wendet er sich, ein halbes Jahr vor seinem Tod, in desperater Lage als politischer Flüchtling an den Zürcher Bürgermeister, um von ihm eine Aufenthaltsgenehmigung zu erbitten, „deren Verweigerung", schreibt Büchner, „die Vernichtung meines ganzen Lebensplanes zur Folge haben würde". Neben Büchners Äußerungen zu Politik und Ästhetik verdienen vor allem die Briefe an die Braut Beachtung, in denen er — besonders in den Briefen vom Frühjahr 1934 — sein Innerstes in tiefer Aufrichtigkeit erschloß.

Die Briefe lassen sich in vier übergeifendere Zeitabschnitte gliedern: Büchners erste Straßburger Zeit, vom Wintersemester 1831 bis zur Vogesenwanderung im Sommer 1833; die Zeit in Gießen und Darmstadt vom Sommer 1833 bis zur Flucht im März 1835; die zweite Straßburger Zeit vom März 1835 bis zur Übersiedlung nach Zürich im Oktober 1836; die Zürcher Zeit bis zum Tod Büchners am 19. Februar 1837.

Bei den Empfängern der Briefe bietet sich eine Einteilung in folgender Weise an: Büchners Familie; seine Braut; Karl Gutzkow; Freunde wie die Stoebers und Eugen Boeckel (die Briefe an die Brüder Wilhelm und Ludwig stellen sich durch ihren intimen Ton diesen Briefen an die Seite); sowie Sauerländer und Heß.

Im folgenden sollen einige der bezeichnenden thematischen und formalen Züge der Briefe Büchners herausgehoben und knapp skizziert werden.

In der ersten Periode zeichnet sich die rasche innere Entwicklung Büchners in kräftigen Farben ab. Von einem, seinem strikt-loyalen Vater gegenüber konzilianten Sohn entwickelt er sich zu einem aufmerksam scharf aufnehmenden und urteilenden Beobachter seiner Zeit. Bald nach dem noch immerhin „einlenkenden" Ramorino-Brief vom Dezember 1831 äußert er seine Einstellung gegenüber der absolutistisch willkürlichen Obrigkeit mit eisiger Klarheit. Der Leser wird in die Opposition gegen monarchische Willkürherrschaft hineingezogen, die Wilhelm Grimm ebenfalls im Jahre 1832 für Hessen mit der schwärzesten Tinte gezeichnet hat. Büchner erscheint bereit, Gewalt gegen die Truppen der reaktionären Fürsten, die ‚gesalbten Schafsköpfe', anzuwenden, eine Haltung, die zwei Jahre später Friedrich Ludwig Weidig, den „heimlichen Papst" der liberalen Opposition, in Schrecken versetzen sollte.

Zwei Briefe aus dieser Zeit erscheinen besonders bemerkenswert. Der Bericht vom Einzug Ramorinos am 4. 12. 1831 in Straßburg ist der erste Brief überhaupt, der uns erhalten ist. In den handschriftlichen Memoiren Alexis Mustons findet sich ebenfalls eine Schilderung dieses Ereignisses. Ein Vergleich dieser beiden themengleichen Berichte erlaubt einige Beobachtungen zu Büchners Epistolik.

Le premier incident qui m'ait ému à Strasbourg, en dehors de mes occupations sédentaires mais de plus en plus passionnées, — car l'étude aussi peut devenir une passion, — fut l'arrivée des Polonais fugitifs après les victoires de la Russie; proscrits forcés ou volontaires, tous en deuil de l'indépendance nationale, la plupart exténués, en haillons, sans ressource, ils formaient des peuplades errantes qui, par divers chemins, se dirigeaient toutes vers la France, et dont plusieurs se rencontrèrent ici. Deux frères qui ne s'étaient pas revus depuis le commencement de la guerre, tombèrent dans les bras l'un de l'autre, arrivant l'un par la porte de Saverne, l'autre par le chemin de Kehl. Dans la rue des grandes-boucheries, un père reconnut dans un de ces exilés son fils qu'il croyait mort. — Toute la ville les accueille, comme à Genève on accueillit les Vaudois expatriés en 1686. Un aubergiste qui avait refusé de recevoir un groupe suppliant de ces heroïques vagabonds, vit sa maison assaillie par la foule indignée qui lui brisa les vitres.[5]

Als sich das Gerücht verbreitete, daß *Ramorino* durch Straßburg reisen würde, eröffneten die Studenten sogleich eine Subscription und beschlossen, ihm mit einer schwarzen Fahne entgegenzuziehen. Endlich traf die Nachricht hier ein, daß Ramorino den Nachmittag mit den Generälen Schneider und Langermann ankommen würde.

---

[5] Abschnitt 111 der handschriftlichen Memoiren Alexis Mustons.

Wir versammelten uns sogleich in der Academie; als wir aber durch das Thor ziehen wollten, ließ der Offizier, der von der Regierung Befehl erhalten hatte, und mit der Fahne nicht passiren zu lassen, die Wache unter das Gewehr treten, um uns den Durchgang zu wehren. Doch wir brachen mit Gewalt durch und stellten uns drei- bis vierhundert Mann stark an der großen Rheinbrücke auf. An uns schloß sich die Nationalgarde an. Endlich erschien Ramorino, begleitet von einer Menge Reiter; ein Student hält eine Anrede, die er beantwortet, ebenso ein Nationalgardist. Die Nationalgarden umgeben den Wagen und ziehen ihn; wir stellen uns mit der Fahne an die Spitze des Zugs, dem ein großes Musikchor vormarschirt. So ziehen wir in die Stadt, begleitet von einer ungeheuren Volksmenge unter Absingung der Marseillaise und der Carmagnole; überall erschallt der Ruf: Vive la liberté! vive Ramorino! à bas les ministres! à bas le juste milieu! Die Stadt selbst illuminirt, an den Fenstern schwenken die Damen ihre Tücher, und Ramorino wird im Triumph zum Gasthof gezogen, wo ihm unser Fahnenträger die Fahne mit dem Wunsch überreicht, daß diese Trauerfahne sich bald in Polens Freiheitsfahne verwandeln möge. Darauf erscheint Ramorino auf dem Balkon, dankt, man ruft Vivat! — und die Comödie ist fertig.

Muston beginnt mit einem Wort *ad personam;* er spricht von den polnischen Flüchtlingen allgemein, er entwirft ein Panorama der geschichtlichen Situation. In der Darstellung der Ankunft der polnischen Flüchtlinge werden keine Namen genannt, das intim perönliche Element schlägt immer wieder durch. Drei Vorkommnisse werden anekdotenhaft gestreift, alle drei liegen auf der Ebene der persönlichen Erfahrung und Erlebnisstufe.

Wenn wir uns Büchners Brief zuwenden, finden wir eine breiter entfaltete Spiegelung der Ereignisse, eine Perspektive *ad hoc,* die ganze Skala der Ereignisse um den Empfang Ramorinos — der mehrfach mit Namen genannt wird — ist ausgebreitet. Ramorino wird zu Beginn des vorliegenden Textes genannt, er hat das Schlußwort, und nur ein knapper Kommentar Büchners ist an das Ende des letzten Satzes, durch einen Gedankenstrich abgesetzt, verlegt. Ein objektiver Zug ist durch den durchgängigen Gebrauch des Plurals gegeben. Einmal wird der Bericht in der Erzählvergangenheit verlassen und in die Gegenwart gerückt, genau in der Mitte des Textes, wenn Ramorino und Studenten zueinander sprechen. Diese Aktualisierung wird, in knapper Satzgliederung, bis ins Ende des Berichts hinein bewahrt, wenn Büchner Statik und Dynamik stellt und einen leichten Rahmen um das Ganze legt. Das rhetorische Stilelement des Kontrasts, mit dem der Leser der Werke Büchners vertraut ist, tritt auch schon in diesem ersten Brief hier im Abschluß auf, wie auch im Bild der ‚schwarzen Fahne‘, der „Trauerfahne", die sich nach dem Wunsch des Fahnenträgers "in Polens Freiheitsfahne verwandeln möge".

Der letzte Brief aus der ersten Straßburger Zeit schildert die Vogesenlandschaft. Der Brief verstärkt den Eindruck tiefer Naturliebe Büchners, von der schon sein Jugendfreund Friedrich Zimmermann in Schulerinnerungen berichtet. In Büchners „Reisebild" aus den Vogesen wird dem Leser die „unendliche Schönheit" der Natur nahegebracht, die der Leser auch als Rahmen und — zum Symbol erhöhten — *locus amoenus* in *Lenz* gestaltet findet. Büchner zeichnet dort in der Vogesenlandschaft ein Bild der Schönheit der Schöpfung, die auch Lenz, wenn er sich selbst einmal „ganz vergessen" hat, affirmiert.

In den Briefen der ersten Periode zeigen sich insbesondere Elemente einer ‚derb-drastischen‘ Ausdrucksweise mit deutlicher Angriffsrichtung; neben beißender Kritik an Reaktion und Monarchie, an „Thron und Altar", berichtet Büchner in drastisch-hyperbolischer Form auch von verschiedenen anderen Zeiterscheinungen: „Gott mag den allerdurchlauchtigsten und gesalbten Schafsköpfen gnädig seyn; auf der Erde werden sie hoffentlich keine Gnade mehr finden"; „das Schellen und Knieen der buntscheckigen Pfaffen"; „Gießener Winkelpolitik und revolutionäre Kinderstreiche". Hyperbolische Züge trägt Büchners Ausdrucksweise auch in literarischem Zusammenhang:

> Ihr seyd gebeten, mit Eurer poetischen Haus- und Feld-Apotheke bey der Wiederbelebung des Kadavers thätige Hilfe zu leisten; am besten wäre es, man suchte ihn in einem Backofen zu erwärmen, denn dieß ist noch das einzige Kunstwerk, welches das liebe Teutsche Volk zu bauen und zu genießen versteht!

Im ganzen ist der Stil des Briefschreibers nicht frei von krasser Hyperbolik, Übersteigerungen, die sich allerdings immer mehr im Briefwerk Büchners verlieren, der sachlich bestimmter und gefärbter Mitteilung noch breiteren Raum gibt. Bereits im vierten Brief findet sich ein Wort, das der Tendenz zur analytischen, weithin objektbestimmten Briefform Ausdruck verleiht: „Doch, Spaß bey Seite!" Dazu ist zu bemerken, daß es bei Büchners nüchtern-sachlichen Tendenzen trotz aller Ausdruckssicherheit doch noch gelegentlich eine Art Lehrlingszeit gibt. Allerdings ist anzunehmen, daß eine ,steifleinene' Wendung wie „Eure Antwort seyd Ihr gebeten, an mich zu adressiren, ich hoffe dabey auch einige herzliche Worte an mich zu finden . . ." einen ironischen Beigeschmack haben sollte.[6]

Die Briefe der zweiten Periode aus Darmstadt und Gießen zeigen Büchner inmitten politischer Aktivität; sie enthüllen seine „Anlage zur Schwermut", begleiten die Gestaltung von *Dantons Tod* und brechen mit dem Schreiben an Sauerländer und dem Brief an Gutzkow kurz vor Büchners Flucht ab.

Einige dieser Briefe gehören zu den aufschlußreichsten Zeugnissen in Büchners Schriften. Büchners *taedium vitae*, die Mächte, die er als „gräßlichen Fatalismus der Geschichte" kennzeichnet, die Erfahrung einer ,absurden' Schöpfung kulminieren im Bild des Perillusstiers, das — zu beachten bleibt die Form der Frage — in einem Brief an die Braut gestaltet wird:

> Das Gefühl des Gestorbenseyns war immer über mir. Alle Menschen machten mir das hippokratische Gesicht, die Augen verglast, die Wangen von Wachs, und wenn dann die ganze Maschinerie zu leiern anfing, die Gelenke zuckten, die Stimmer herausknarrte ich das ewige Orgellied herumtrillern hörte und die Wälzchen und Stiftchen im Orgelkasten hüpfen und drehen sah, — ich verfluchte das Conzert, den Kasten, die Melodie und — ach, wir armen schreienden Musikanten, das Stöhnen auf unserer Folter, wäre es nur da, damit es durch die Wolkenritzen dringend und weiter, weiter klingend wie ein melodischer Hauch in himmlischen Ohren stirbt? Wären wir das Opfer im glühenden Bauch des Peryllusstiers, dessen Todesschrei wie das Aufjauchzen des in den Flammen sich aufzehrenden Gottstiers klingt. Ich lästre nicht . . .

Das Bild des Perillusstiers kehrt — in Form einer Frage — in dem anaphorischen Crescendo in *Dantons Tod* wieder, das zu dem bezeichnenden Oxymoron Dantons führt: „Die Welt ist das Chaos. Das Nichts ist der zu gebärende Weltgott."[7]

---

[6] In diesem Zusammenhang danke ich wiederum Gerhard Griebenow für wertvolle Anregungen insbesondere im Hinblick auf die Briefe Büchners aus der ersten Straßburger Zeit.

[7] Weitere Querverbindungen zwischen Büchners Briefen und seinen Werken werden in diesem Rahmen nicht untersucht.

Mit dem Bild des Perillusstiers greift Büchner ein in seiner Zeit beliebtes Motiv auf und gestaltet es zu einem Bild des ,Weltzustandes überhaupt' um. Perillus oder Perilaos, ein griechischer Erzgießer, soll für den Tyrannen Phalaris von Agrigent einen ehernen Stier gegossen haben. Im Innern des Stiers wurden die Opfer des Tyrannen zu Tode gemartert; unter dem Stier wurde ein Feuer entfacht. Die Schreie der Sterbenden drangen durch gewundene Öffnungen so nach außen, daß sie wie das Brüllen des Stiers erklangen. Nach der Sage wurde Perillus selbst das erste Opfer des Tyrannen. Davon spricht Ovid im ersten Buch seiner *Ars amatoria* (653 f.).

Im Marterstier ließ Phalaris Perillus' Glieder schmoren.
Der Ärmste ward sein eigen Werk gleich einzuweih'n erkoren.[8]
Sören Kierkegaard beginnt seine „Diapsalmata ad se ipsum" in *Entweder/Oder* mit der Frage:

> Was ist ein Dichter? Ein unglücklicher Mensch, der tiefe Qualen birgt in seinem Herzen, aber seine Lippen sind so gebildet, daß, derweile Seufzen und Schreien über sie hinwegströmt, es tönt gleich einer schönen Musik. Es geht ihm gleich den Unglücklichen, die man im Ochsen des Phalaris langsam peinigte mit sanftem Feuer, ihr Schrei konnte nicht hindringen zum Ohre des Tyrannen, ihn zu erschrecken, für ihn tönte es gleich einer süßen Musik.[9]

Hebbel und Nietzsche gestalten ferner das Perillusmotiv.[10] Sogar F. Noellner verweist in seiner Apologie des Verfahrens gegen Friedrich Ludwig Weidig auf den Perillusstier; er impliziert: „Die Ankläger traten mit einer Hitze und einem Geschrei auf, als käme Alles aus Phalaris' glühendem Ochsen".[11]

Die Briefe der dritten Periode — Büchner ist nach Straßburg geflohen — sind durch Objektivität und eindringliche Darstellungen der politischen und literarischen Ereignisse der Zeit gekennzeichnet. Der Bereich literarischer Thematik ist erweitert, denn Gutzkow tritt als Adressat von sechs Briefen auf. Gutzkow gegenüber zieht Büchner einen Trennungsstrich zwischen sich und dem *Jungen Deutschland*, dessen liberal orientierte Vertreter durch das

---

[8] Übersetzt von Otto M. Mittler.
[9] Übersetzung von Emanuel Hirsch.
[10] Vgl. Robert Mülher, *Dichtung der Krise. Mythos und Psychologie in der Dichtung des 19. und 20. Jahrhunderts.* Wien 1951, S. 117 f.
[11] Friedrich Noellner, *Die Kritik des gerichtlichen Verfahrens gegen Pfarrer Weidig.* Braunschweig 1845, S. 42.

Wort, das sie an die gebildete Minderheit richten, eine Veränderung der politischen Lage herbeiführen wollten, deren Hauptleidtragende, die breite Masse des armen Volkes, von dieser gebildeten Minderheit kaum Hilfe erwarten durfte. Scharf urteilt Büchner in einem weiteren Brief an Gutzkow:

> Die ganze Revolution hat sich schon in Liberale und Absolutisten geteilt und muß von der ungebildeten und armen Klasse aufgefressen werden; das Verhältnis zwischen Armen und Reichen ist das einzige revolutionäre Element in der Welt, der Hunger allein kann die Freiheitsgöttin und nur ein Moses, der uns die sieben egyptischen Plagen auf den Hals schickte, könnte ein Messias werden. Mästen Sie die Bauern, und die Revolution bekommt die Apoplexie. Ein *Huhn* im Topf jedes Bauern macht den gallischen *Hahn* verenden.

Allerdings überwiegen in den Briefen an Gutzkow literarische und persönliche Bemerkungen. Jedoch spricht Büchner über literarische Fragen am klarsten in einem Brief an seine Familie vom 28. Juli 1835. Büchner betont darin seine Ästhetik und geht von einer Bemerkung *pro domo* im Blick auf das eben erschienene Drama *Dantons Tod* auf dramaturgische Fragen in umgreifenderer Weise ein. Büchners Kommentar verdeutlicht Gedanken, die in *Dantons Tod* in der dritten Szene des zweiten Akts ausgesprochen werden, und die im Kunstgespräch in *Lenz* eine genauere Ausprägung erfahren haben:

> Was noch die sogenannten Idealdichter anbetrifft, so finde ich, daß sie fast nichts als Marionetten mit himmelblauen Nasen und affectirtem Pathos, aber nicht Menschen von Fleisch und Blut gegeben haben, deren Leid und Freude mich mitempfinden macht und deren Thun und Handeln mir Abscheu oder Bewunderung einflößt. Mit einem Wort, ich halte viel auf Goethe oder Shakspeare, aber sehr wenig auf Schiller.

Büchner antizipiert — oder entkräftet bereits erhobene — Einwände seiner Familie gegen *Dantons Tod* und schreibt in seinem Brief:

> Was übrigens die sogenannte Unsittlichkeit meines Buches angeht, so habe ich Folgendes zu antworten: der dramatische Dichter ist in meinen Augen nichts, als ein Geschichtsschreiber, steht aber *über* Letzterem dadurch, daß er uns die Geschichte zum zweiten Mal er-

schafft und uns gleich unmittelbar, statt eine trockne Erzählung zu geben, in das Leben einer Zeit hinein versetzt, uns statt Charakteristiken Charaktere, und statt Beschreibungen Gestalten gibt. Seine höchste Aufgabe ist, der Geschichte, wie sie sich wirklich begeben, so nahe als möglich zu kommen.

Was Büchner über die Aufgabe des Dramatikers sagt, ist — trotz aller einleuchtenden Implikation des von ihm geübten ‚Dokumentarismus‘ — im Hinblick auf Büchners eigenes Schaffen schwer zu verstehen. Büchner hat die Vorgänge während der Tage vor der Hinrichtung Dantons am 5. April 1794 in Paris nicht ‚historisch getreu‘ dargestellt. Weder hier noch in *Lenz* oder *Woyzeck* war er ein „Auferstehungsengel der Geschichte", wie es schon Hans Mayer festgestellt hat. Ist nicht anzunehmen, daß Büchner die *conditio humana* — wie er sie in seinen Dramen, seiner Novelle und seinen Briefen versteht — in gewissen historischen Ausschnitten verdeutlicht findet, und daß er postuliert, der ‚dramatische Geschichtsschreiber‘ solle dem genannten Aussagewert der Geschichte in seiner Nachgestaltung so nahe wie möglich kommen?

In dieser Briefepoche häufen sich ansonsten Bemerkungen über das Schicksal von Büchners politischen Freunden und Anhängern der Opposition, namentlich liegt Büchner das Schicksal Minnigerodes am Herzen. Im Briefwechsel mit seiner Familie betont Büchner die tangiblen Fragen seiner eigenen Karriere und seiner Sicherheit. Der Ton seiner Briefe wirkt beruhigter, die hyperbolische Exuberanz früherer Briefe ist stark gemäßigt. Nur gelegentlich schlägt Büchner diesen Ton wieder an:

> Ich muß lachen, wie fromm und moralisch plötzlich unsere Regierungen werden; der König von Bayern läßt unsittliche Bücher verbieten! da darf er seine Biographie nicht erscheinen lassen, denn die wäre das Schmutzigste, was je geschrieben worden! Der Großherzog von Baden, erster Ritter vom doppelten Mopsorden, macht sich zum Ritter vom Heiligen Geist und läßt *Gutzkow* arretiren, und der liebe deutsche Michel glaubt, es geschähe Alles aus Religion und Christenthum und klatscht in die Hände.

Alte Wunden, die kaum völlig verheilt waren, sind hier wieder aufgebrochen angesichts der von Büchner tief empfundenen Willkür und Grausamkeit monarchischer Gewalt. Wie bei Büchner häufig wahrzunehmen ist, verstärkt die Verwendung bibelsprachlichen Wortschatzes den Impetus der

Angriffe gegen die absolutistische Obrigkeit.[12] Der Leser gewinnt allerdings den Eindruck, daß Büchner nunmehr das Medium der Sprache als Meister beherrscht und hyperbolische Effekte mit sicherer Hand wirksam setzt.

Der kürzlich aufgefundene Brief Büchners an seinen Bruder Ludwig kann zeigen, wie sich Büchner in thematischer und formaler Hinsicht von Interessen der Briefempfänger bestimmen läßt. Ludwig ist 1835 elf Jahre alt. Büchner nennt ihn „Hammelmaus" und lebt sich in die Vorstellungswelt des Kindes ein. In den Briefen an seinen Freund Boeckel und seinen Bruder Wilhelm enthüllt sich Büchner und erlaubt ihnen einen Einblick in seine an Verzweiflung streifende Schwermut wie auch seinen „Mut", trotz allem beruflich und literarisch weiterzuschreiten: „Ich bin ganz vergnügt in mir selbst, ausgenommen, wenn wir Landregen oder Nordwestwind haben, wo ich freilich einer von denjenigen werde, die Abends vor dem Bettgehn, wenn sie den Strumf vom Fuß haben, im Stande sind, sich an ihre Stubenthür zu hängen, weil es ihnen der Mühe zuviel ist, den andern ebenfalls auszuziehen . . ."

Diese Töne werden in den Briefen an die Familie überspielt. An Gutzkow wendet sich Büchner mit einer bildhaften Ausdrucksweise, die in den Briefen an die Familie auch zurücktritt. Völlig verlassen werden metaphorische Sprachformen in dem klaren, informativen und sachlich bestimmten ‚Geschäftsbrief' — man möchte ihn ‚klassisch' nennen — an Bürgermeister Heß von Zürich, der den sachlichen Ton des Briefes an den Verleger Sauerländer fortführt.

Eine anekdotische Vignette ist in dieser Briefepoche einmal eingelegt. Büchner erzählt „eine sonderbare Geschichte, die Herr J. in den englischen Blättern gelesen, und die, wie dazu bemerkt, in den deutschen Blättern nicht mitgetheilt werden durfte".[13]

In einem Familienbrief wird deutlich, was verschiedene Briefe Büchners bezeichnet; in ihnen wird die Technik des „Szenenschnitts" — wenn dieser Vergleich erlaubt ist — greifbar, die sich im dramatischen Werk Büchners, besonders in *Dantons Tod* findet, wenn verschiedene Stimmungslagen und Handlungsstränge nicht nur von Szene zu Szene in entschiedenen Gegensatz zueinander treten, sondern dieser ‚polyphone Kontrast' auch innerhalb einer Szene ausgeformt wird, beispielsweise in der Marion-Szene in *Dantons Tod*. In den Briefen Büchners läßt sich eine an die Technik des Szenen-

---

[13] Dieser Verweis auf die englische Presse ist noch ungeklärt.
[12] Egon Krause hat „Bibelstellen" in *Woyzeck* untersucht in *Georg Büchner, Woyzeck: Texte und Dokumente*. Frankfurt am Main 1969.

schnitts erinnernde Erzählweise in mehreren Briefen, z. B. vom 28. Juli 1835, 1. Januar 1836 und vom 15. März 1836 — feststellen. Allerdings ist der Fragmentcharakter der Briefe zu berücksichtigen, so daß eine verbindlich gültige Aussage nicht möglich ist.

Die wenigen Briefzeugnisse aus Büchners Zürcher Zeit sind Texte, die an seine Familie und insbesondere an seine Braut gerichtet sind.

Büchner scheint mit einer gewissen Regelmäßigkeit an Wilhelmine in Straßburg geschrieben zu haben; darauf weisen die Briefdaten hin: 13., 20. und 27. Januar 1837. Wird Büchner „jeden Tag poetischer", wie er seiner Braut schreibt? Er gibt im gleichen Brief selbst eine Antwort:

> Das Beste ist, meine Phantasie ist thätig, und die mechanische Beschäftigung des Präparirens läßt ihr Raum. Ich sehe Dich immer so halbdurch zwischen Fischschwänzen, Froschzehen etc. Ist das nicht rührender als die Geschichte von Abälard, wie sich ihm Heloise immer zwischen die Lippen und das Gebet drängt?

Es finden sich einige Vergleiche in den Brieffragmenten an Familie und Braut, einige rhetorische Züge — vor allem gewinnt der Leser dieser letzten Briefe den Eindruck eines Menschen, über dessen Leben ein Schatten gefallen ist; so betrachtet, gewinnt Büchners Wort in seinem letzten datierten Brief: „— und dazu hab' ich meine Laterne gelöscht" eine erschreckende Transparenz.

In einer der wenigen Äußerungen der Forschung zu Georg Büchners Briefen erklärt Adam Kuckhoff:

> Büchners Briefe sind neben der mündlichen Überlieferung die Hauptquellen für seine Lebensgeschichte, dabei im Beginn gewissermaßen seine ersten Werke. Zu einer Zeit, wo er selbst noch kaum daran dachte, ein Dichter zu sein, formte er in ihnen kleine Kunstwerke, bewährte er die stilistischen Kräfte, wie sie uns dann später im ‚Hessischen Landboten' und in seinen Dichtungen zu höherem Zweck entgegentreten. Alles ist darin im Ansatz enthalten, die Naturschilderungen des ‚Lenz', die politische Formulierung des ‚Landboten', die kleine dramatische Szene in knapp erzählten Anekdoten und schließlich die große Thematik seiner Weltanschauung: In den Briefen an die Braut haben wir die Ursprungsdokumente zu ‚Dantons Tod' und damit den persönlichen Schlüssel zum Sinn des ganzen Büchnerschen Werkes.[14]

[14] Georg Büchner, *Werke*. Eingeleitet und hrsg. v. Adam Kuckhoff. Berlin 1927, S. 223.

Die Frage, ob Büchner in seinen Briefen „kleine Kunstwerke" geformt habe, muß allerdings offen bleiben; sie bedarf einer eingehenderen Analyse unter Berücksichtigung des Fragmentcharakters des Büchnerschen Briefwerks.

REGISTER

Personen-, Werk- und Sachhinweise